下半身からみるみるやせる
おうちダイエットBOOK

美脚トレーナー
久優子
YUKO HISASHI

講談社

美脚・脚やせのために必要なのは筋トレではなく「むくみとり」

私はボディメンテナンスセラピスト。そして美脚トレーナーとして美脚になるための研究をしています。

かつての私は今からは想像できないほど、太っていました。その私が半年で15kg以上のダイエットに成功し、脚のパーツモデルにまでなったダイエット方法……それは「筋トレ」でも「運動」でも「トレーニング」でもなく、「リンパマッサージ」でむくみをとることだったのです！ なぜなら、私たちの脚を太くしているのは、リンパの滞りによって起こる「むくみ」が原因であることがほとんどだからです。

私のダイエット経験と12年のサロンワークで培った「脚からやせる極意」は、むくみをとることに尽きます。そのために必要なのは足のケア・姿勢を整える・リンパや血液の流れを促進する、この3つなのです。

「ストレッチ＋マッサージ」で
理想のボディメイクを叶えられる

私の考える美しいボディは、ただやせているだけではなく、女性らしい丸みがあり、かつメリハリのある体。そんな理想的なボディを作るためには「ストレッチ」と「マッサージ」が不可欠です。

なぜなら「ストレッチ」では、関節や筋肉を引き伸ばして可動域を広げるとともに筋肉を目覚めさせ、それらが本来あるべき位置に戻ることで、美しいラインを作ることができるからです。「マッサージ」では、骨ひとつひとつをゆるめ、セルライトや老廃物を意識的にケアし、また脂肪を移動することでメリハリが生まれます。このふたつを同時に行うことで理想の体を必ず作ることができるのです。

私がダイエットに成功して二十数年経ちますが、今でも体型を維持できているのは、この「ストレッチ」と「マッサージ」のおかげなのです。

CONTENTS

02 美脚・脚やせのために必要なのは筋トレではなく「むくみとり」

05 「ストレッチ＋マッサージ」で理想のボディメイクを叶えられる

Chapter 1 BASIC

「筋トレ」や「食事制限」より先にすべきこと

目指すは歪みとむくみのない正しいポジションにある体

10 日本人にはなぜ下半身太りが多いのか？

12 脚やせに根性はいらない！

14 体を正しいポジションに戻し、歪みとむくみをなくすことが美脚への最短ルート

16 現代人の脚やせには「腸リンパ」へのアプローチが効く

18 「体やせ」と「顔やせ」は連動しない

Chapter 2 BASIC

運命を変える9日間の前に知っておきたいこと

ボディメイクには〝コツ〟がある

22 日常生活のクセであなたの歪みはどんどん加速する！ そしてやせなくなる

24 自分史上最強の美脚を叶える「久式下半身やせメソッド」

26 歪みまくりの人にこそやってほしい〝やせ力〟を高めるベーシックストレッチ

28 久式〝下半身からみるみるやせる〟9日間プログラム

Chapter 3 METHOD

脱・他力本願！

基礎やせ力をつけるDAY1〜DAY3

34 「腸リンパ」からケアする理由

37 DAY1 自分の体を支えられる土台の「足」を作る日

43 DAY2 美脚＆美尻を作る筋肉を育てる日

49 DAY3 むくみ知らずの脚を作る足の機能性を整える日

Chapter 4

METHOD

やせながら脚のカタチを一気に変える！

これがダイエットの最終形

56 残りの6日間で一気に脚のカタチを変える

58 体重以上にボディラインが変わることを実感できるダイエット

61 DAY 4 美脚になれる筋肉を一気に育てる日

67 DAY 5 自重を使って「歪み脚」を「まっすぐ脚」に矯正する日

73 DAY 6 良質な筋肉を育て、360度美しい脚を作る日

79 DAY 7 ぽっこりお腹を解消し脚やせ速度を一気に加速させる日

85 DAY 8 お腹まわりを刺激して全身のむくみを撃退する日

91 DAY 9 腸リンパを刺激しながら「やせやすい巡る体」に仕上げる日

Chapter 5

to be continued...

欲はどんどん出せばいい。

やせた体と美脚を保つためにすべき6つのこと

98 美脚を保つために守ってほしい5つのルール

100 脚がやせると一番気になるパーツ。実は「二の腕」です

102 正しい姿勢と歩き方がやせやすい体を作る！

104 美脚に見せる洋服選びをしませんか？

106 ボディクリームの正しい塗り方

108 自分を変えられるのは「自分」だけ

110 おわりに

column

36 なぜ9日間プログラムなのか？

42 私がリンパマッサージに魅せられた理由

48 20kgやせてからも食事制限は一切していません

60 私が思う「美脚」の条件

66 体重以上にやせて見える「骨」のオハナシ

72 最近みるみるやせると話題のインディバのオハナシ

78 免疫力はマッサージで高められます

84 日常生活で筋肉を鍛える方法

90 寝る前のルーティンにしてほしいこと

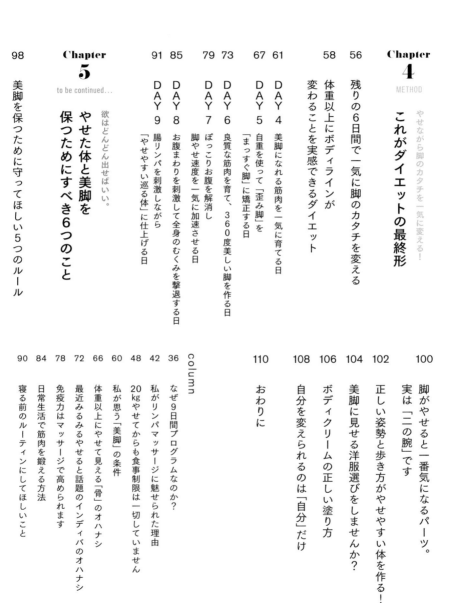

「筋トレ」や「食事制限」より
先にすべきこと

目指すは歪みと
むくみのない
正しいポジション
にある体

Chapter 1

BASIC 1

脚やせのために、まずしなければいけないのは、むくみをとることです。実は脚の太さに悩んでいる人の原因の大半がむくみによるものだからです。ですから体の土台である足のケアをして体の巡りをよくし、むくみをとることが不可欠なのです。むくみの原因のひとつに考えられるのは、現代人の多くは足の機能性が落ちているため、血液やリンパの流れが悪くなりがちだということ。さらには足だけでなく、全身のむくみをとるために必要なことは、骨の配置とそれを支える筋肉の改善になります。それらを理解してセルフメンテナンスを始めましょう。

TOPIC 01

日本人にはなぜ下半身太りが多いのか？

私が自分の脚の太さを気にしてダイエットを始めた頃、日本人女性の脚が太いのには昔の生活習慣が影響している、と聞いたことがあります。それは三大ミス・コンのひとつであるミス・インターナショナルの企画・運営にたずさわり、世界中の美女を見てきた父の言葉。

昔の日本人の生活といえば、正座をして、前かがみの姿勢が多く、着物でお腹を締めつけた装いでした。その生活様式が遺伝情報として影響していると考えれば……確かに納得です。

筋肉太り脚

脚の筋肉がかたく、ムキムキした脚。太ももやふくらはぎの外側のハリが気になりがち。

むくみ太り脚

足首の締まりがなく、たるみがある脚。ひざまわりがブヨブヨし、冷えを感じやすい。

脂肪太り脚

脚にメリハリがなく、太ももがやわらかい。皮膚をねじるとセルライトでボコボコしている。

混合太り脚

むくみと脂肪が混ざって冷え、かたくなった脚。脚と脚の隙間がなく重たい印象の脚。

そう、想像してみてください。正座は脚のつけ根、ひざ、足首を曲げて座り、脚の関節のすべてが圧迫されています。さらに前かがみになることで脚のつけ根はより圧迫され、脚にかかる負担は計り知れません。

着物も同じで、腹部の大部分を帯で締めつけることによって血液やリンパの流れが悪くなり、さらには帯によって固定されているので体の中心にあるお腹のインナーマッスルは使われず、弱くなってしまいます。

ならば、日本人特有の下半身太りを解消するためには、その影響によって起こっている体のクセを直せばよいのです。

日本人の典型的な脚の太り方で一番多いのは、「むくみ」によるもの。現代人の多くは、デスクワークや立ち仕事などで足への負担が大きくなっているのに加え、アスファルトやフローリングが足に与える負荷や不規則な食生活により、むくみを引き起こしがちになっています。まずは自分の脚の状態を見極めることから始めましょう。

そう！　自分は太っていると思っているあなた！　実は脚が太いのは脂肪ではなく、むくんでいるだけかもしれません。

TOPIC 02

脚やせに根性はいらない！

脚やせに必要なのは、正しい骨の配置とそれを支える筋肉の改善です。まずはゆがんで定着した姿勢をゆるめて正しい位置に戻すこと、そしてかたくなった筋肉（筋膜）をリリースすることを意識しましょう。毎日筋トレやマッサージをしていたとしても、やり方が間違っていたらせっかくの努力も水の泡。努力は報われません。報われないどころか逆に太ってしまうことに。理想のボディには絶対になれません。

つまり体のメカニズムを知り、正しいやり方でゆっくり、丁寧に行うことが脚やせには大切なのです。私が毎日のルーティンにしているのは、全身を伸ばすこと（ストレッチ）と足のケア（マッサージ）。それらによって血液やリンパの流れがよくなり、筋肉や関節、体の中心である背骨を同時にゆるめて本来の位置に戻すことができるからです。そして体の土台である足のケアをすることで足裏全体・足の指で地面を摑めるようになり、しっかりと体を支えられるのです。

　そう！　やみくもな筋トレよりも、まずはかたくなり、クセのついてしまった筋肉をリリースしてしなやかな筋肉を育てることが、美しいシルエットとボディを保ち続けるための最強のトレーニングなのです。

　そしてもうひとつ、きれいな脚のラインを作りたいなら歩き方を常に意識すること。足裏をきちんと使い、一歩踏み出すときは脚のつけ根から太ももを上げる意識を持つことです。日本人の多くは、太ももの筋肉で脚を上げて歩いていますが欧米人は腸腰筋《ちょうようきん》、つまり、お腹と腰の深いところにあるインナーマッスルを使って歩いているため、下半身太りになりにくいと言われています。日本人特有の下半身太りの原因はここにもあるのです（正しい歩き方はＰ１０２で紹介しています）。

TOPIC 03

体を正しいポジションに戻し、歪みとむくみをなくすことが美脚への最短ルート

皆さん、自分の体の歪みって自分では分からないですよね。

歪みとむくみをなくすために必要なのは、体の土台である足をケアして整えることと、正しい姿勢を体に覚え込ませることです。

足のケアとは、足にある28個の骨をゆるめて足裏の筋肉をリリースすること。そうすることによって足裏の土踏まずのアーチが蘇り、体のバランスがとれ、全身を支えやすくなります。足の裏でしっかりと地面を捉える感覚が感じられれば、ストレッチの効果も格段と上がります。

〈 あなたの歪み度cheak 〉

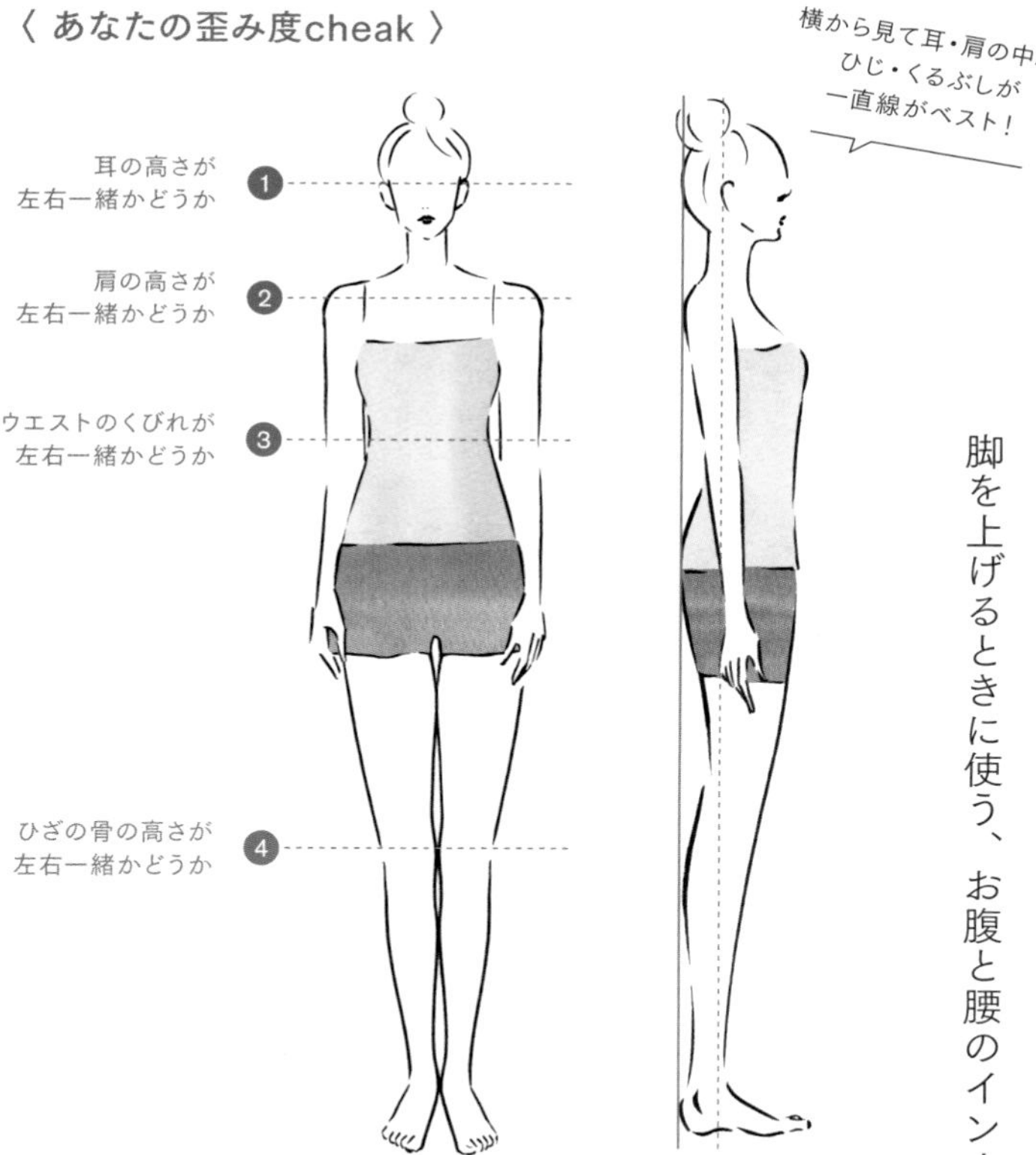
横から見て耳・肩の中心・
ひじ・くるぶしが
一直線がベスト！
耳の高さが
左右一緒かどうか
1
肩の高さが
左右一緒かどうか
2
ウエストのくびれが
左右一緒かどうか
3
ひざの骨の高さが
左右一緒かどうか
4

正しい姿勢は壁にかかとをつけ、ふくらはぎ、お尻、肩甲骨、後頭部が壁につく状態。腰は壁との間にこぶしがひとつ入るようにお腹と腰を意識し、引き上げてみてください。結構キツイですよね。そう、これが脚を上げるときに使う、お腹と腰のインナーマッスル……腸腰筋（大腰筋・小腰筋・腸骨筋の3つ）なんです。ここを使わないでいると正しい姿勢を保てず、骨のバランスが崩れ、体は歪み、むくみを引き起こしてしまうのです。歪んだままの体ではどんなにトレーニングをしてもよい効果は得られないので、まずは体を正しいポジションに戻しましょう。

TOPIC 04

現代人の脚やせには「腸リンパ」へのアプローチが効く

最近では「腸内フローラ」や「腸活」「腸もみ」などの言葉をよく耳にするようになりました。健康とも深く関わっている「腸」。免疫力を上げることはもちろん、脚のむくみをとるためにも脚のリンパを効率よく流すためにも腸リンパへのアプローチが大切なのです。

脚のつけ根にそけいリンパ節という大きなリンパ節があるのはご存知かと思いますが、腸にもリンパがあります。腸は小腸（十二指腸・空腸・回腸）と大腸（盲腸・上行結腸・横行結腸・下行結腸・S状結腸・直腸）があり、その腸の大部分を包む膜（腸間膜）にもリンパ管やリンパ節が張り巡らされています。前述した通り、現代人はむくみやすいので、そけいリンパ節へのアプローチだけではもはやむくみはとれません。つまりお腹全体、脚のつけ根から肋骨までをしっかり刺激することで、腸リンパまでアプローチする必要があるのです。

特に、おへその上には、腸リンパや脚のリンパから流れ込んで、集まるタンク（乳《にゅう》び槽《そう》）があるので、しっかり刺激することが脚のむくみをとる秘訣です。

そして普段はあまり触れることがないと思いますが、恥骨まわりを刺激することでより流れを促進することができます。

むくみに効果大！
腸リンパとは？

腸リンパとはお腹に分布する大きなリンパ器官のこと。脚のつけ根にあるそけいリンパだけでなく腸リンパまで刺激して脚に溜まった老廃物をいち早く流しましょう。特におへそ上にある、腸リンパのタンクである「乳び槽」まわりは念入りに！

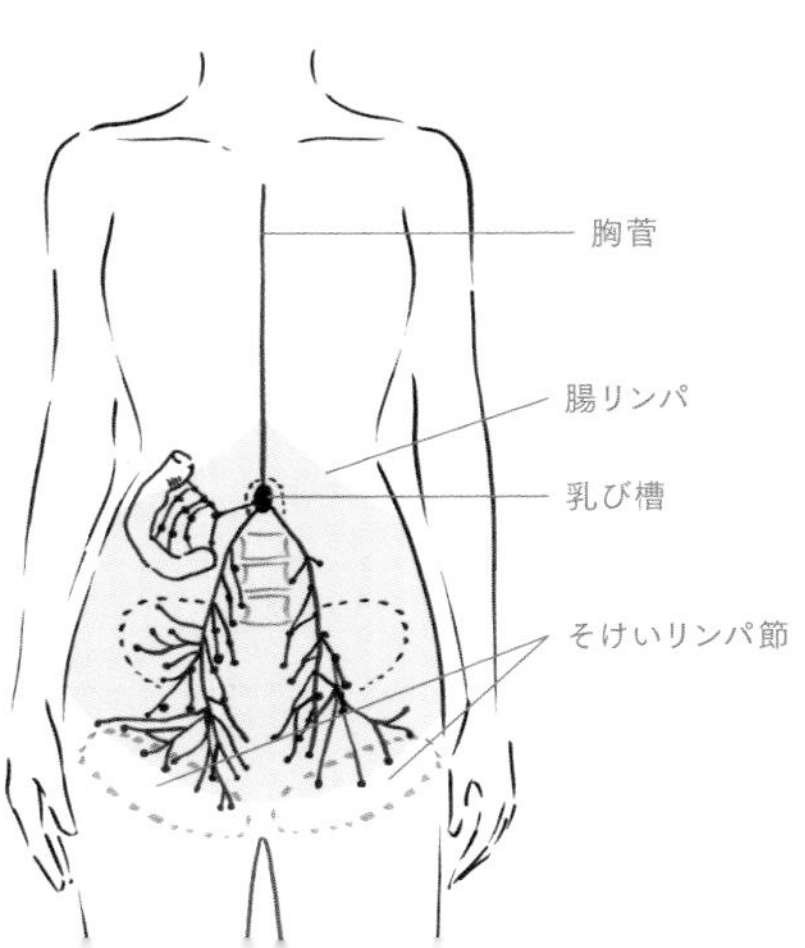

TOPIC 05

「体やせ」と「顔やせ」は連動しない

私の経験談なのですが、ダイエットをして体はやせても、顔はむくんだままで小さくはなりませんでした。その後、人体学や解剖生理学を学んで分かったことは、体と顔は別ものということ。もちろん顔も体も一枚の皮膚でつながっていますし、血管もリンパ管も切れずにつながっていますが、「首」という細い部分があるので流れが一旦変わるようです。

私は、首と顔のリンパマッサージをしたことで、むくんでまん丸だった顔がふたまわり小さくなり、見違えるほど小顔になりました。

ですから「顔やせ」したいなら、まず鎖骨まわりから首までの流れをしっかり作ることが大切です。鎖骨下、鎖骨上をやわらかくし、指の第1関節までグッと入れ込むのがポイント！

そのあとは「首」にある太い血管・リンパ管にアプローチします。耳のまわり、耳の下から鎖骨に向かって、血液やリンパ液が流れる道を作るようにしっかり押し流します。ここを中途半端にすると顔がやせるどころか、逆にむくみやすくなるので注意が必要です。つまりこの部分をしっかりケアできないと顔と体をつなぐことができないというわけです。

首まわりをケアしたあとに、あごの先端から耳のつけ根、耳のまわり、頬骨の下、鼻の横、目のまわり、こめかみ、おでこ、生え際へとマッサージをしていきます。

顔のむくみが気になる方は、首のケアをすることでかなり改善することができます。顔に溜まった老廃物や水分を、ほぐしながら首に流すといったプロセスを何度もしていくうちに、詰まっていた管がどんどん流れ始めて顔がすっきりし、埋もれていた骨も浮き出てくるでしょう。

運命を変える9日間の前に
知っておきたいこと

ボディメイクには〝コツ〟がある

Chapter 2

BASIC 1

もっと脚が細ければいいのに！ もっとプリッとしたお尻になりたい！ ウエストのくびれがほしい！ もっと胸を大きくしたい！ こんな願望を叶える方法があるとすれば絶対に知りたいですよね。それを叶える久式ボディメイクメソッドを始める前にしてもらいたいこと、それは歪みを改善することです。歪みを最小限にできれば、理想のボディラインを手に入れることができます。歪みの少ない体を作ると骨が整い、それを支える筋肉は自然と鍛えられ、血液やリンパの流れがよくなることでむくみがなくなり、結果的に最速でボディメイクすることができるのです。

日常生活のクセで あなたの歪みは どんどん加速する！

そしてやせなくなる

日常生活のクセ、気がつかないうちに年々増えてきていませんか？　ふと見たウィンドウに映る自分の姿にびっくりした経験がある人も多いかもしれません。恐ろしいことにそのクセは、日に日に体に染みつき、歪みを引き起こします。体の歪みの多くは姿勢によるものが多く、立つ・座る・歩くなど、毎日無意識にとっている姿勢で引き起こされています。

立ち姿勢の場合は重心が傾いていたり、反り腰や猫背だったりと体の中心部分に力が入っていないことで、座り姿勢の場合は骨盤が立っていなかったり、上半身が傾いていたり、脚を組んでいたりなど脱力しすぎていることで上半身が不安定になり、体の中で一番重たい頭を支えられなくなっています。

歩く姿勢でいうと、バッグの持ち手が片側に偏ったり、脚のつけ根から踏み出せていなかったり、前かがみでひざを曲げ、足を引きずるように歩いていたりすることが歪みを引き起こしてます。

そして体の土台である足、特に足首の可動域が狭くなると、ひざや骨盤の歪みを引き起こし、さらには背骨や首の骨をも歪ませてしまい、全身に影響が出るのです。骨の歪みだけではありません。筋肉のバランスも崩れやすく、内臓の位置がおかしくなり、内臓の働きが悪くなり、消化吸収なども遅くなります。そして呼吸が浅くなり、酸素が脳に十分行き渡らず、その結果、自律神経のバランスも乱れ、血流が悪くなり、新陳代謝もダウンしてしまいます。

日常生活での無意識な動きが、こんなにも全身に悪影響を及ぼしていると思うと怖いですよね。

その無意識のうちについてしまうクセを最小限にするために毎朝して欲しいこと。それは、壁に背中をつけて正しい姿勢で10秒立ち、体にその姿勢を教え込むことです。そうすることで自然と歪みを最小限に抑えることができるのです。

自分史上最強の美脚を叶える

「久式下半身やせメソッド」

ダイエット経験はもちろん、ボディメンテナンスセラピストとしての経験、そして美脚トレーナーとして美脚を研究してきた私だから考案できた、この「久式下半身やせメソッド」。

まずはあなたが今までやってきたこと、やせると思っている方法は一旦すべて忘れてください。なぜなら、やっても効果がなかったマッサージやエクササイズには何かしら間違いがあったからです。ちょっとしたやり方、意識する場所が違うだけでも効果や結果はまったく違ってしまうのです。

まずはストレッチのポイントです。私は体がかたく、運動が大の苦手。そんな私でもできるストレッチですので安心して行ってください。この本で紹介しているストレッチは一般的なスジを伸ばすものではなく、血液やリンパの流れを促進したり、リンパ管をより広げやすくしたり、さらには関節をゆるめることや筋肉に酸素を取り込むような動かし方をしています。よって効かせたいパーツをしっかり意識して行いましょう。

次にマッサージのポイントは、体内の老廃物を排泄するように促すこと。押す・たたく・流す・つまむ・引っ張る・回すなど簡単な動きでもしっかり深部まで効かせる手技ですので、アプローチするパーツを絞り、丁寧に行いましょう。

意識すべきは、正しい姿勢と正しい骨の配置、それを支えるための筋肉、血液やリンパのスムーズな流れです。この４つをしっかり体に覚えさせ、今までの悪い習慣やクセを直していきましょう！　今までやりがちだった脂肪を減らすための努力よりも、ムダなものを溜め込まない、そして動くために必要なしなやかな筋肉を育てるように意識をシフトします。筋トレをするのではなく、体をしなやかに動かすために必要な筋肉を目覚めさせるのです。このことを理解して行えば、理想とする美脚を叶えることができるでしょう。まずは3日間、写真を見ながらひとつひとつの動きを丁寧に行いましょう。体を正しくリセットできれば最初の3日間でまずはこれまで感じたことのない体の軽さを感じるはずです。

歪みまくりの人にこそやってほしい

“やせ力”を高めるベーシックストレッチ

体が歪んでいない人なんていません。

生きていたら、歪むのは当然なのです！　でも歪んだ体に自分で気がついて、少しでも改善できたらいいですよね。

歪みが定着した体は、骨格のズレを引き起こします。そのため、そのままマッサージやトレーニングをしても効果が出ないばかりか、歪みを悪化させるだけ。

そんな体になってしまう前にやってほしいのが左ページの4つのベーシックストレッチ。まずは今のカチコチな体をしっかりゆるめてあげましょう。

加えて毎日のルーティンに入れてほしいのは、普段の生活で動かさない部分をしっかり伸ばすこと。スマートフォンやパソコンを使っていると前かがみになりがちなので、体の後ろ側を伸ばしてあげてください。やり方は簡単！　腕を後ろに組んで肩甲骨を寄せ、胸を開くだけです。肩甲骨を動かすことで褐色脂肪細胞が刺激され、やせ力がアップします。

ベーシックストレッチ

9日間のプログラムの効果を最大に発揮させるためにも
有効的な「歪みリセットストレッチ」4種。
DAY1～DAY9、それぞれの「ストレッチ」＋「マッサージ」の
前に行って体をほぐしてあげましょう。

1

腕・お腹・脚を伸ばして深呼吸

5～10秒

肩幅に足を開き、つま先を軽く上げたままバランスをとります。腕を大きく開いて指先まで伸ばし、腕を肩より少し後ろにし、胸を開き、深呼吸。

2

腕を上げ、耳より後ろでキープ

10～20秒

顔を正面にし、腕を真上に上げ、さらに腕を上に引き上げます。腕が耳よりも後ろにいくように、お腹から縦方向に伸ばすイメージで。

3

ガチッと固まった肩甲骨をリリース

10回

腕を肩の高さまで上げ、ひじを90度に曲げ、ひじを後ろに引きます。そのとき肩甲骨を寄せるように意識しましょう。

4

普段伸ばさない体の側面にアプローチ

左右10秒ずつ

片腕を真上に上げ、横に倒し、体の側面をしっかり伸ばします。上半身が前かがみにならないようにお腹に力を入れて大きく倒します。反対側も同様に。

久式
“下半身からみるみるやせる”
9日間プログラム

この下半身からやせるダイエットプログラムは、
基礎やせ力をつける3日間＋脚のカタチを一気に変える6日間の計9日間で構成しました。10日目以降は再度DAY1～DAY9を繰り返したり、DAY4～DAY9の中でお気に入りの動きを毎晩の習慣にしたり、自分流のアレンジで活用してください。

Chapter 3

体を正しい位置に戻して 基礎やせ力をつけるDAY1～DAY3

DAY 1
ストレッチ
マッサージ
自分の体を支えられる
土台の「足」を作る日

↓

DAY 2
ストレッチ
マッサージ
美脚＆美尻を作る
筋肉を育てる日

↓

DAY 3
ストレッチ
マッサージ
むくみ知らずの足を作る
機能性を整える日

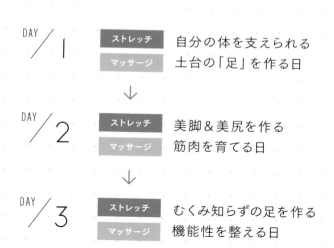

Chapter 4

全身の老廃物をなくして脚のカタチを一気に変えるDAY4～DAY9

DAY 4
ストレッチ
マッサージ
美脚になれる筋肉を
一気に育てる日

↓

DAY 5
ストレッチ
マッサージ
自重を使って「歪み脚」を
「まっすぐ脚」に矯正する日

↓

DAY 6
ストレッチ
マッサージ
良質な筋肉を育て
360度美しい脚を作る日

↓

DAY 7
ストレッチ
マッサージ
ぽっこりお腹を解消し
脚やせ速度を一気に加速させる日

↓

DAY 8
ストレッチ
マッサージ
お腹まわりを刺激して
全身のむくみを撃退する日

↓

DAY 9
ストレッチ
マッサージ
腸リンパを刺激しながら
「やせやすい巡る体」に仕上げる日

9日間プログラムを行う上での注意点

- 1日目は「DAY1」、2日目は「DAY2」とそれぞれ進めていき、9日目の「DAY9」で完了です。
- 行う時間帯は朝でも夜でもいつでもOKですが、9日目以降も続けやすく、習慣化しやすい時間帯で始めるのがおすすめです。
- 食後の場合は、1時間置いてからスタートしてください。
- ストレッチ、マッサージともにイタ気持ちいいくらいの強さで行いましょう。
- 万が一、体調が悪くなった際はただちにプログラムを中止してください。

脱・他力本願！

基礎やせ力をつける DAY 1 〜 DAY 3

※Attention!

この3日間を続けられないと
DAY4 以降には進めません。
3日間連続で続けられるまで何度でも
このページからやり直してください。

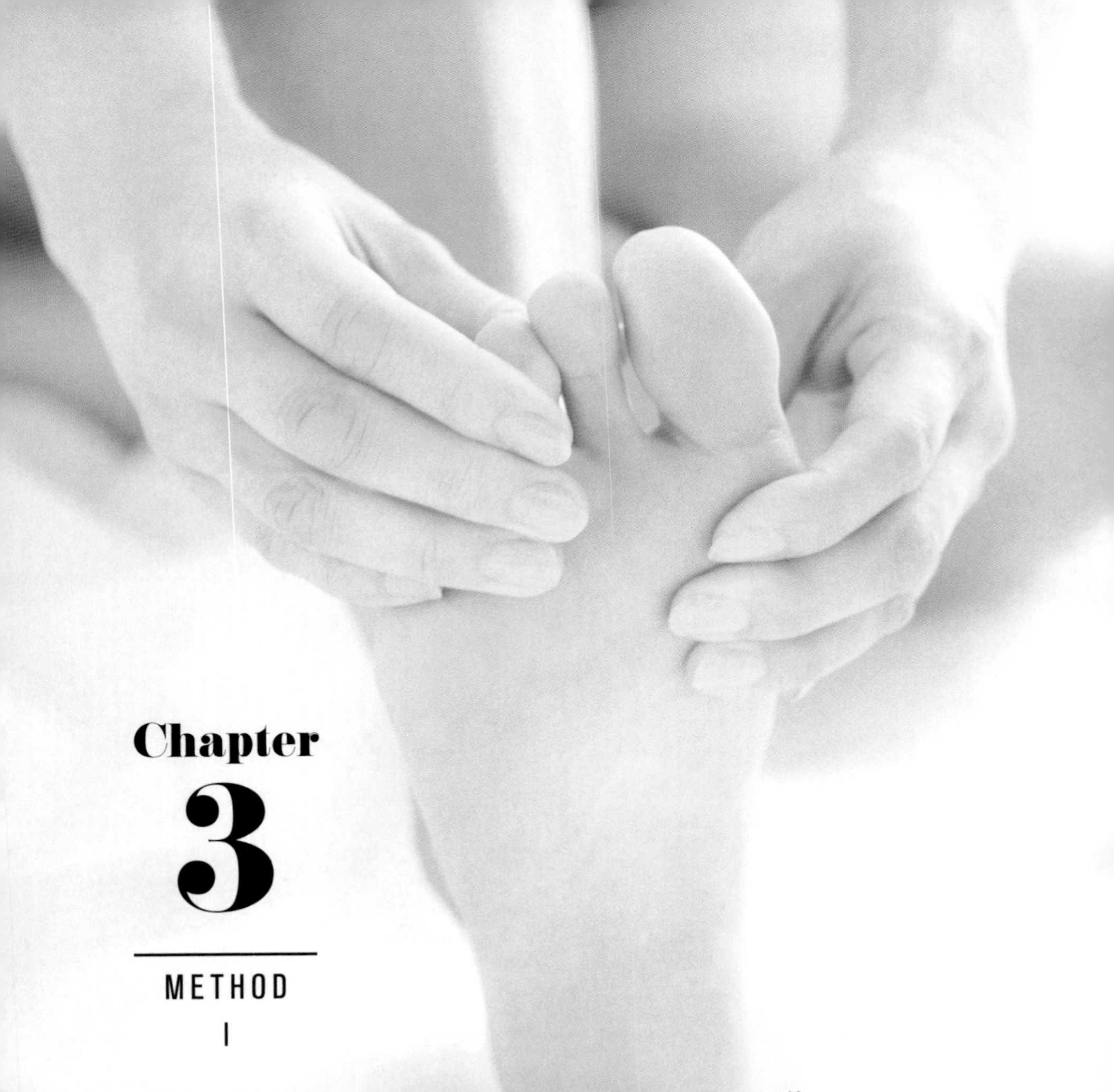

Chapter 3

METHOD

I

絶対に効果を出すための基本の3日間として、体の土台を作り、骨を整え、筋肉をリリースするストレッチ・エクササイズです。この3日間がきちんとできないと、一番大切な体の歪みをリセットすることができません。基本の「き」の部分ですから、時間がかかってもいいので、ゆっくりと丁寧に行ってください。歪みがとれ、むくみがなくなっていくことが実感できるはずです。ストレッチでその日の歪みをリセットし、巡りをよくするマッサージでむくみを解消、まさに黄金の組み合わせです。私も毎日のルーティンにしています。

久式 LOWER BODY
DIET METHOD

ストレッチ

STRETCH

＋

マッサージ

MASSAGE

で

☑ **歪みゼロ**

☑ **むくみゼロ**

の美脚を手に入れる

ストレッチで日頃の体の歪みをリセットしてから、マッサージでむくみをとっていく！　骨（関節）・筋肉・血管とリンパ管に刺激を与え、すべての歪みや滞りが体に定着しないようリセットできるストレッチ、そしてむくみをとりながら、脂肪を移動させてボディメイクしたり、自重を使って奥深くのリンパまで効かせたりできるリンパマッサージ……そんな最強の組み合わせが「久式下半身やせメソッド」です。ストレッチもマッサージも習慣化することが大切。なぜなら、多かれ少なかれ毎日歪みやむくみは生じるからです。

今回は少しスパルタです！　最初の3日間のベーシックストレッチ＆マッサージがきちんとできないと4日目には進めません！　三日坊主にならないために3日間でしっかり効果が出るような組み合わせにしていますので、効果を感じてから4日目に進んでください。

今までの歪んでかたくなった体、老廃物を溜め込んで重たくなった体、たるみが気になる体、疲れやすくなった体、やせにくくなった体を捨て、諦めていた美脚への道に再チャレンジしましょう！

「腸リンパ」からケアする理由

「久式下半身やせメソッド」は、お腹まわりへのアプローチから始めます。なぜなら脚全体のリンパを集め、流す部分がおへその上の乳び槽にあるからです。脚のリンパを集め流すのは脚のつけ根（そけいリンパ節）だと思っている方が多いのですが、現代人はデスクワークや立ち仕事、アスファルトやフローリングなどのかたい地面を歩くなど、思っている以上に足への負担がかかっているため、脚のつけ根からだけでは血液やリンパが流れにくくなっています。

だったら脚の先の大きなゴミ箱であるお腹まわりのリンパを開き、流し入れてしまいましょう！　「お腹まわりも脚の一部」だと考えていきましょう！　というのが私の「腸リンパ」へのアプローチです。

代表的なリンパ節は、耳の下から鎖骨にかけてある「耳下腺《じかせん》リンパ節」、「鎖骨リンパ節」、脇の下にある「腋窩《えきか》リンパ節」、脚のつけ根にある「そけいリンパ節」、ひざ裏にある「膝窩《しっか》リンパ節」などですが、その他にも全身には６００ほどのリンパ節が存在しています。

６００もリンパ節があるのにこれだけむくみに悩む方が多いということは、リンパ節をケアし、本来の機能を取り戻す必要があると私は思います。

前述しましたが、腸は小腸（十二指腸・空腸・回腸）と大腸（盲腸・上行結腸・横行結腸・下行結腸・Ｓ状結腸・直腸）があり、その腸の大部分を包む膜（腸間膜）にリンパ管やリンパ節が集中しています。

それらを含めたお腹全体、脚のつけ根から肋骨までをしっかり刺激することで腸リンパやそのまわりにある数多くのリンパ節に効かせることができるため、脚に溜まったむくみの原因である「老廃物」をスムーズに流し入れることができるのです。

「腸リンパ」を意識してストレッチやマッサージを行うことで、より効率よく、確実に流れが促進できるのです。

COLUMN

01

なぜ9日間プログラムなのか？

9日間で下半身からみるみるやせる！　たった9日間で？　と思いますよね。それが、変わるんです!!　なぜかと言うと、3日間で体の基礎を見直し、リセットすることで、ある程度「脳」と「体」にクセをつけることができるからです。3日間きっちり集中して続けたことは、脳と体がその「動作」を記憶するので、習慣化しやすいのです。マッサージやストレッチはもちろん、ライフスタイルも同じです。早起きを3日続けると4日目も自然に目覚めることができますし、マッサージを3日間続けると4日目にはマッサージをしないとなんとなく気持ちが悪くなるのです。逆に言えば、習慣化できないということは、脳がよい変化として感じていない、体が心地よさを感じていない、体でその「動作」を覚えていないからなのです。3日間続けること、3回続けることで、習慣を強く定着させられるのです。

それには1日で、体の変化や効果を感じられることが必須なので、今回は簡単で効果が高く、9日間で結果を出せるストレッチとマッサージを考案しました。

DAY 1

自分の体を支えられる土台の「足」を作る日

あなたの足裏はきちんと地面を感じていますか？ 体の軸はまっすぐですか？ 1日目は、体の土台でもあり、正しい姿勢を保つために欠かせない「足」に重点を置いて、ストレッチ＆マッサージを行っていきたいと思います。また、久式では脚の一部と考えているウエストにもしっかりアプローチし、全身が巡る体に向けて、第一歩を踏み出しましょう。

MEMO

DAY 1

ストレッチ

まずは姿勢を整えるために体幹を再確認しましょう。足の裏全体で地面を感じ、体の軸を意識し、体を支えられる足を育てましょう。

POINT
おへその上から頭のてっぺんまで
一直線になるイメージで！

1 -

体幹を意識して立つ

肩幅の1.5倍に足を広げます。おへその上に力を入れ、まっすぐ立ちます。

POINT
お尻にキュッと力を入れ、
内臓を持ち上げる
ようなイメージで！
かかとをつけたまま
クルッとつま先を
外側に向ける

2 -

お尻と脚を意識して つま先を外側に向ける

かかとを軸にし、つま先を少し上げて外側に向けます。そのまま10秒キープ。

STRETCH

1→4を
5回×3セット

かかとをつけたまま
クルッとつま先を
内側に向ける

POINT
脚のつけ根から
ねじるように動かします。

3 -

つま先を内側に向け、お腹とひざにアプローチ

バランスをとりながら、かかとを支点にして同じようにつま先を内側に向けます。そのまま10秒キープ。

POINT
脚のつけ根から
曲げることで
脚全体を伸ばします。

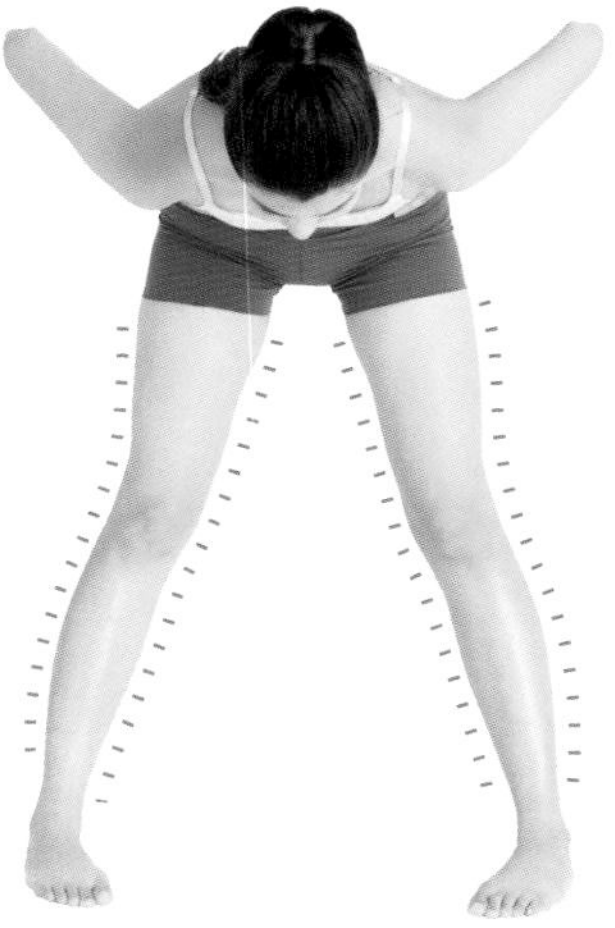

4 -

脚のつけ根から曲げ、脚全体をストレッチ

腰に手を当て、脚のつけ根から上半身を90度に曲げます。そのまま5秒キープ。

DAY 1

マッサージ

脚の一部と考えるウエストを刺激し、血液やリンパの流れにスイッチを入れましょう。腸リンパにアプローチし、巡る体に！

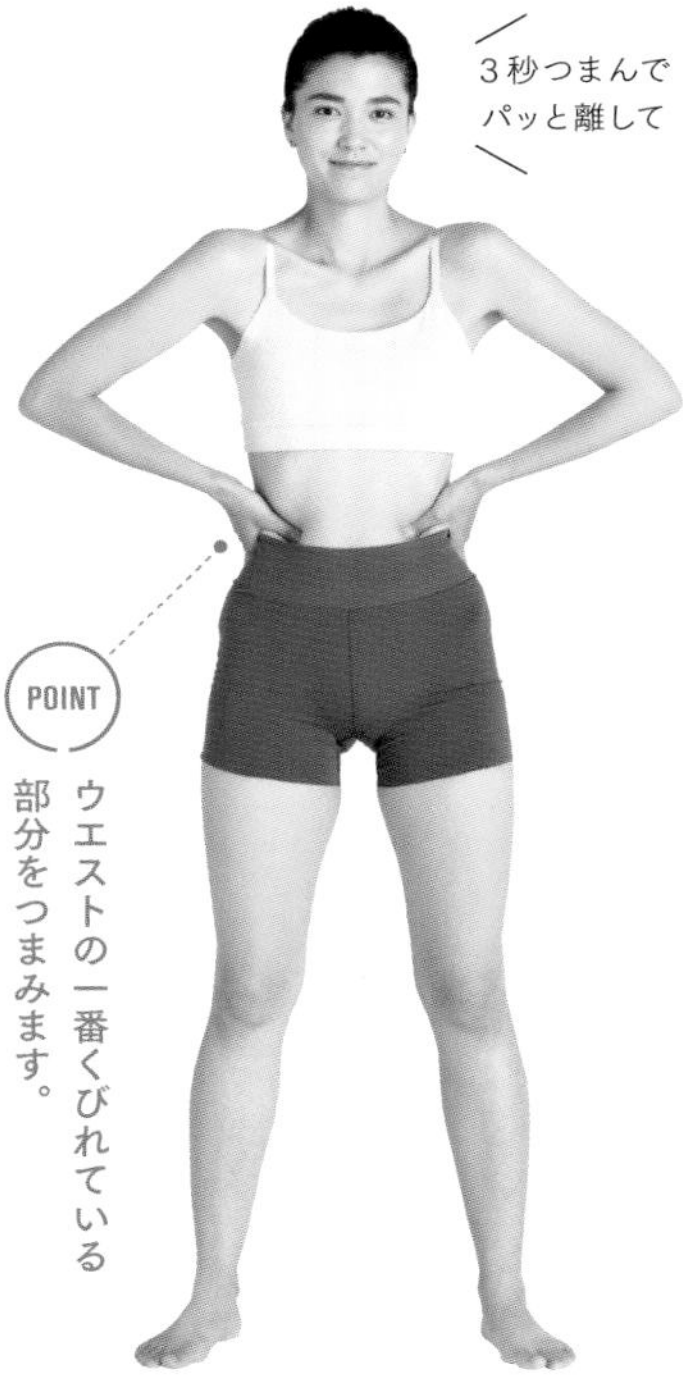

3秒つまんで
パッと離して

POINT
ウエストの一番くびれている部分をつまみます。

1 -

親指を前側にして脇腹をつまむ

親指を前にして指全体で脇腹をグッと3秒つまむ。

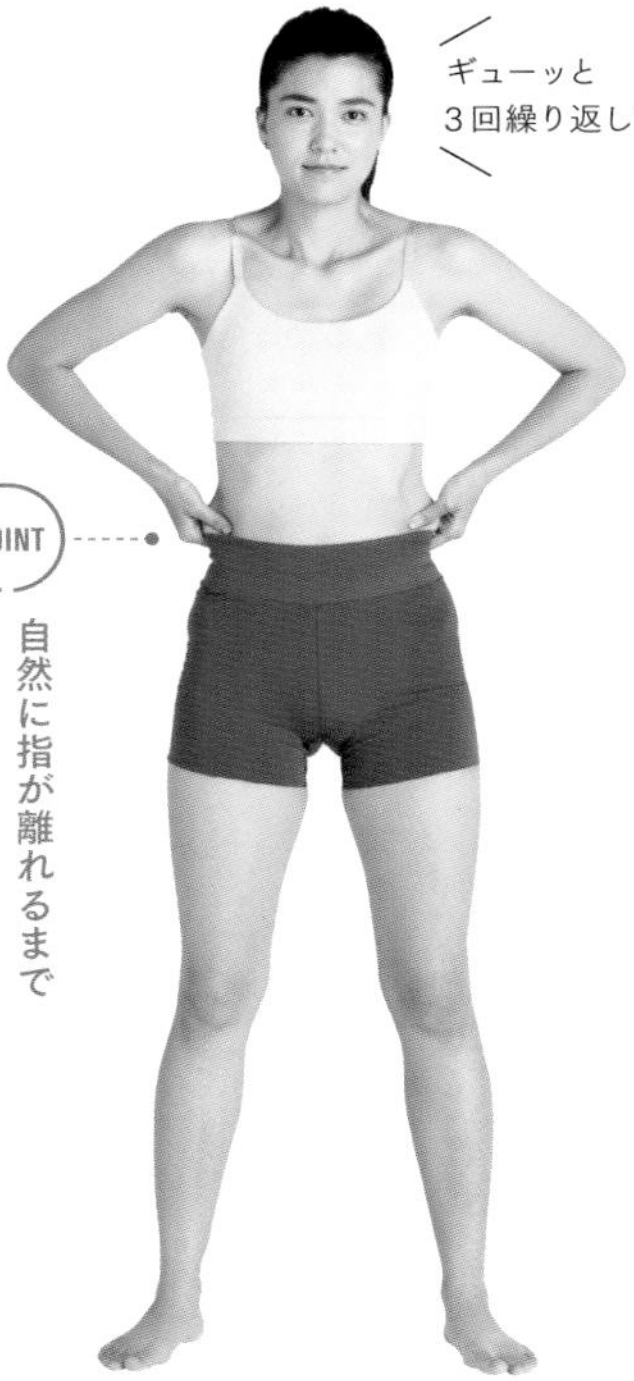

ギューッと
3回繰り返して

POINT
自然に指が離れるまでゆっくり引っ張りましょう

2 -

指が離れるまで脇腹をゆっくり引っ張る

3～5秒かけてゆっくり指が離れるまで脇腹を引っ張ります。

MASSAGE

1→4を
3回×3セット

右まわし5回
左まわし5回
POINT
恥骨に意識を集中させて！

3 -

腰に手を当て、
恥骨を8の字に動かす

腰に手を当て、恥骨を8の字に左右5回ずつ大きく回します。

5秒
押し続けて

4 -

脇腹の一番くびれている
部分に指を押し当てる

親指だけを出し、その他の指は握ったまま脇腹の一番くびれている部分に当ててグッと押します。

COLUMN

02

私がリンパマッサージに魅せられた理由

リンパという言葉をよく耳にするようになった12年前、私はリンパマッサージに出会いました。当時の私は体調を崩していて、心身ともにボロボロでした。そのときに出会ったのがのちの私の恩師の一人。彼に左中指をマッサージしてもらったところ、なんと指が長くなり、ドクドクと血が流れているのを感じたのです。指一本しか触れていないのに、腕や肩が軽くなる感覚はとても不思議で、今までのマッサージでは感じたことのないものでした。その経験によりリンパや人体について興味が湧いたのは言うまでもありません。その後人体の仕組みやメカニズムを知れば知るほど魅了され、一晩中解剖学の本とにらめっこし、自分の体と触り比べたりしながら研究する日々。気がつけば体調はよくなり、体は引き締まって、顔は小さくなっていました。今でも、お客様への施術を通してリンパの凄さへの驚きは止まりません。

BEFORE

AFTER

DAY / 2

美脚&美尻を作る筋肉を育てる日

美しい脚やお尻を作るのは、あなた自身の筋肉です。2日目は、そのしなやかで良質な筋肉を育てていくためのストレッチ&マッサージをご紹介します。美脚の大敵であるセルライトもしっかり潰し、流していきましょう。ポイントは「たたく」「押す」「流す」。DAY2のマッサージは入浴中など体が温まった状態で行うと効果的です。

MEMO

お腹の深い部分をしっかり意識しながら丁寧に呼吸し、
筋肉を刺激して美脚&美尻を育てましょう。

ストレッチ

POINT
脚をピーンとつっぱり立ちましょう。

1 -

つま先を外側に向け、姿勢を正して立つ

肩幅の1.5倍に足を広げ、つま先を外側に向けて立ちます。

POINT
鼻からゆっくり息を吸います。

2 -

胸に手を当て、新鮮な空気を体に取り込む

両手を胸の前で重ね、鼻から大きくゆっくりと3秒ほどかけて息を吸います。

STRETCH

1→4を
5回×3セット

POINT
口からゆっくり
息を吐きながら。

3 -

お尻をひざの高さまでゆっくり下ろす

2で吸った空気を口からゆっくり吐きながら5秒ほどかけてお尻をひざの高さまで下げます。

POINT
鼻からゆっくり
息を吸いながら。

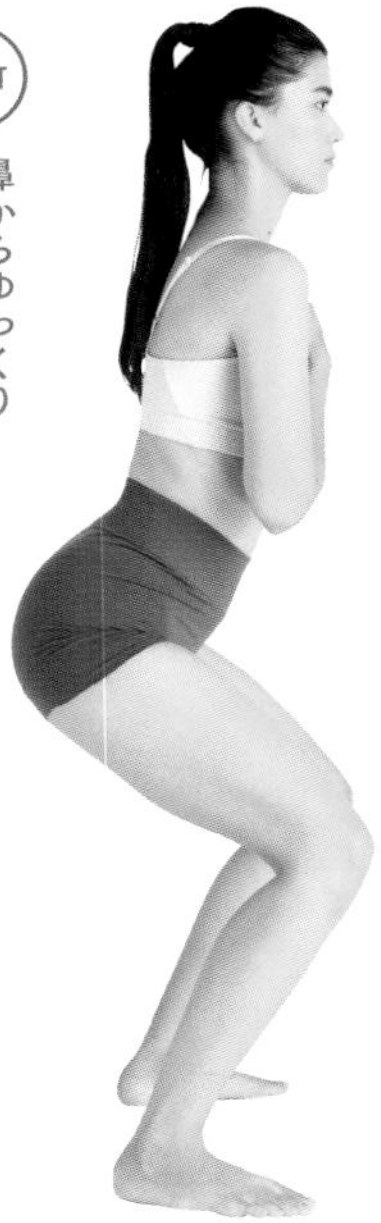

4 -

鼻から息を吸いながらゆっくり元の位置に戻る

鼻から息を吸いながら5秒ほどかけて元の位置に戻ります。

DAY 2

マッサージ

「たたく」「押す」「流す」でセルライトを潰し、血液やリンパの流れを促進し、ボディメイクもできる、よくばりマッサージ。

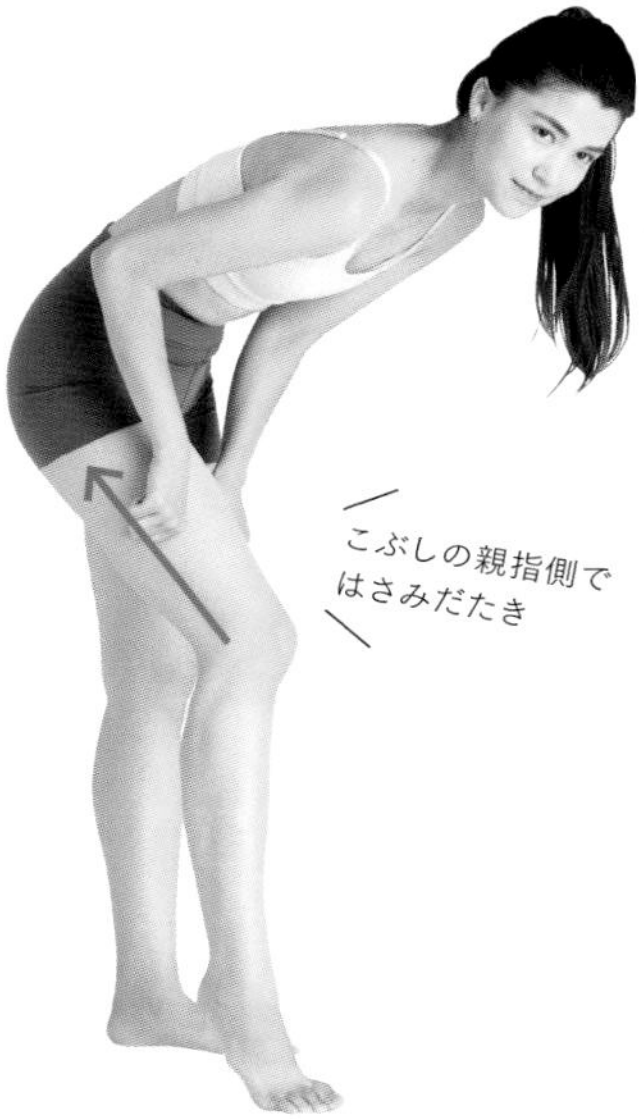

こぶしの親指側で
はさみだたき

1 -

太ももをたたいて セルライトを潰す

片足を1歩前に出し、軽くひざを曲げます。こぶしの親指側で太ももの下から上に向かって内側と外側をはさみたたきます。

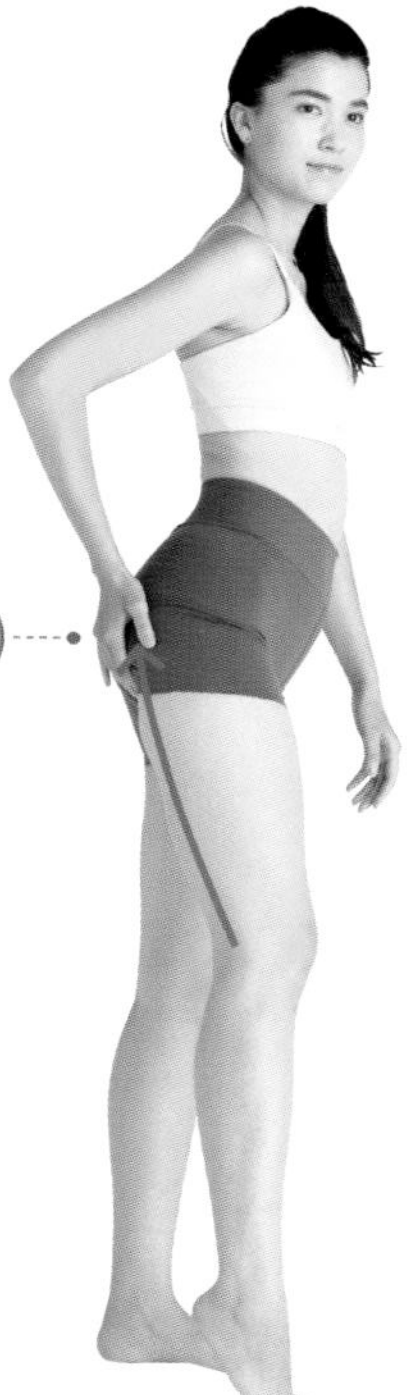

POINT
3本の指を密着させて
ゆっくり押します。

2 -

お尻と太ももの境目を 教え込むように押す

人差し指・中指・薬指の指を密着させ、太ももの裏側をひざ裏からお尻までゆっくりと10秒ほどかけて圧を与え押し動かします。

MASSAGE

1→4を左右
各3回×3セット

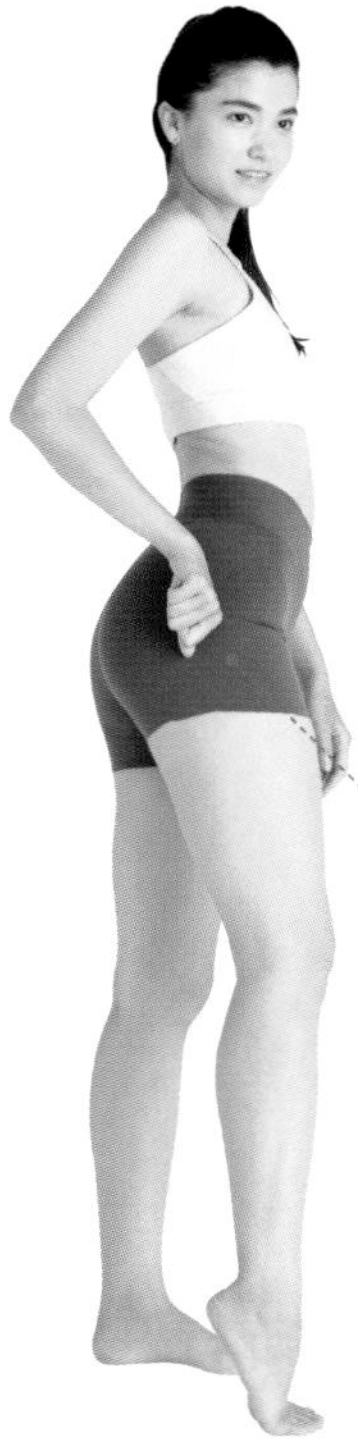

POINT
お尻の側面もしっかりたたきます。

3 -

お尻の側面をたたいて冷えを撃退

お尻を横に突き出すようにし、こぶしの親指側でお尻の側面を10秒ほどかけてしっかりとたたきます。

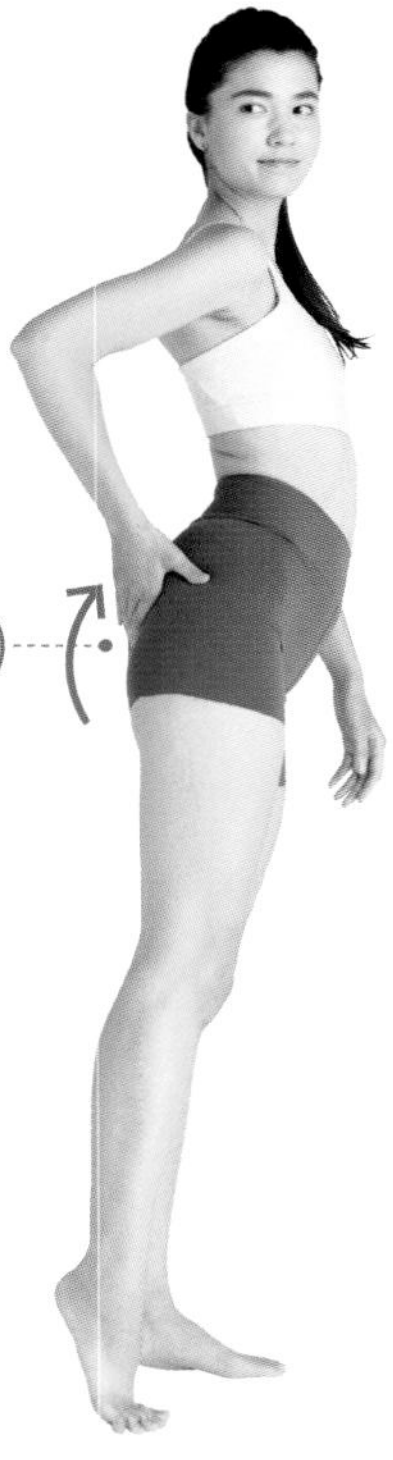

POINT
まんまるヒップを作るように脂肪を集めるイメージ。

4 -

ぷるっと上がったお尻を作る

太ももとお尻の境目に人差し指を当て、指全体を使ってお尻を引き上げます。10秒ほどかけてギュッと押し上げて。

COLUMN

03

20kgやせてからも食事制限は一切していません

今より20kg太っていた私。実は、ダイエット中も食事制限というほどの制限はしていませんでした。通常なら油ものを摂らない、炭水化物を減らすなどの制限をするところ、私は一切しませんでした。そしてやせてから25年以上経つ今でも、食事制限はしていません。食事制限をしない理由は、自己流だと栄養バランスが崩れる、カロリーよりも食べる量と時間が大切、そして食べられないことがストレスになるから、です。白米やフライも、チョコレートやケーキも食べたいときには普通に食べます。でも不思議なもので、体に変化が出てくると食べる量や食べるもの自体が自然と変わってくるんです。食欲は人間の三大欲求のなかでも一番強いものですが、それをも変えてしまうなんて凄いことですよね。やせると自分をコントロールする力もついてくるということなのです。

ADVICE

食事はほとんどが和食です！

和食のいいところは一汁三菜にするだけで栄養のバランスがとりやすいところ。一汁はお味噌汁がおすすめ！　味噌は発酵食品ですので体にいい成分がたくさん入っています。そう！　日本の調味料は味噌・醤油・酒・みりん・酢など、米や大豆を原料にする醸造食品が多いので健康にも美容にもいいのです。おいしい和食を食べたとき、日本人に生まれてよかった！　と思います。

DAY 3

”

むくみ知らずの脚を作る足の機能性を整える日

3日目のストレッチでは、お腹と腰を伸ばして腸リンパを刺激します。全身の巡りをよくし、脚のむくみを徹底的に退治しましょう。つま先立ちで「美脚筋」を育て、さらにマッサージで足裏を丁寧にほぐし、ケアすることによって、土踏まずのアーチを復活させ、よりむくみにくい体へと根本解決に導きます。ここで足の本来持つべき機能を目覚めさせましょう。

MEMO

DAY 3

お腹、腰と背中をしっかり伸ばし、巡る体を作りましょう！
つま先立ちで「美脚筋」を育ててまっすぐなメリハリ美脚に！

ストレッチ

POINT
手のひらを内側に向けて
腕を引っ張り上げるようにし、
お腹と胸を伸ばします。

1 -

全身を伸ばして
血流をアップさせる

足を肩幅に開き、腕を真上に伸ばします。そのまま10秒キープ。

POINT
腕は肩の高さでキープしたまま
下がらないように注意。

2 -

ひざを軽く曲げ
上半身を前に倒す

1の体勢からそのままひざを軽く曲げ、上半身を前に倒します。そのまま10秒キープ。

STRETCH

1→4を
5回×3セット

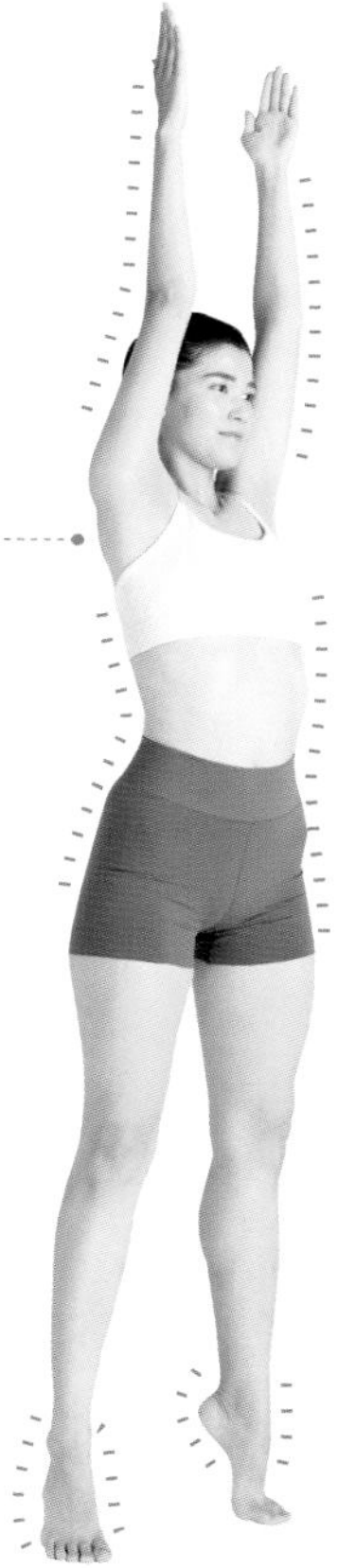

POINT
全身を縦にしっかり伸ばします。

3 -

全身を伸ばした姿勢に戻り、つま先立ちをして美脚筋を刺激

1のポーズに戻り、つま先立ちに変えて5秒キープします。

4 -

お腹から胸まで伸ばして巡りにアプローチ

3の体勢のままお腹を伸ばすように腰を反らせます。そのまま5秒キープ。

DAY 3

体の土台である足をしっかりケアし、足の機能性をアップさせます。
足裏の土踏まずのアーチが蘇るとむくみ知らずに！

マッサージ

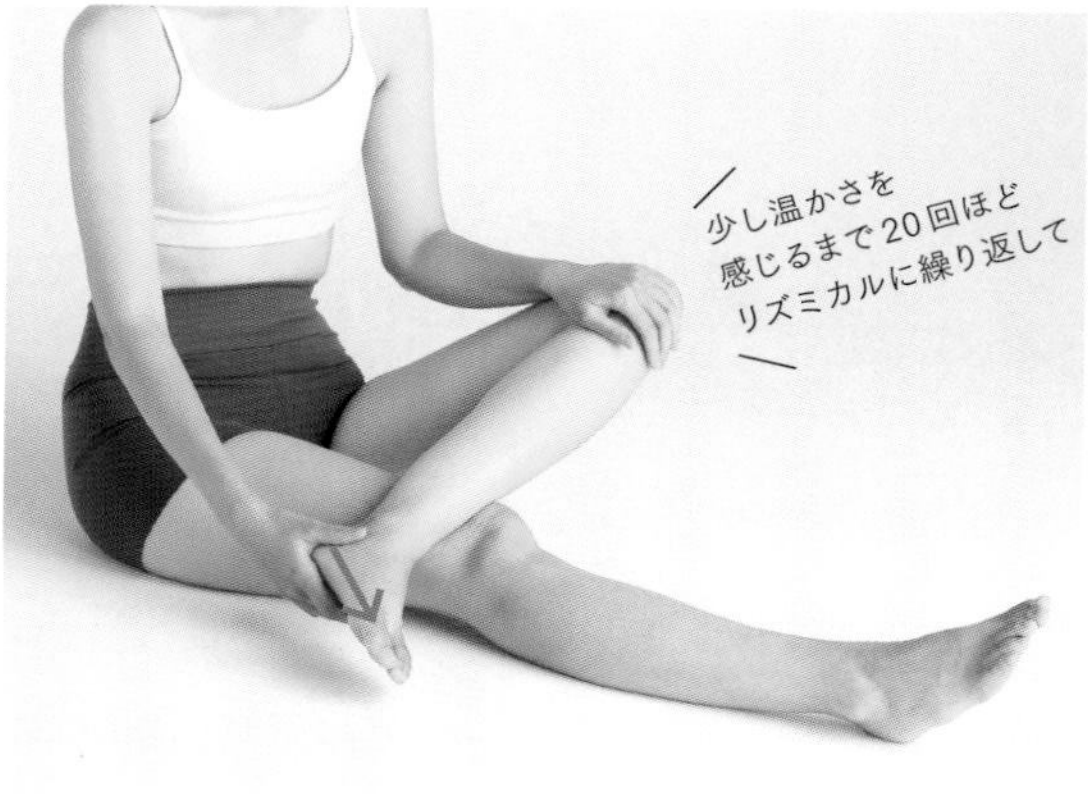

少し温かさを
感じるまで20回ほど
リズミカルに繰り返して

1 -

くるぶしの老廃物を潰し、集め、流す

左足を右太ももにのせ、内くるぶしからつま先までの側面を親指の腹で押し流します。

POINT

親指のつけ根のふくらみ（母《ぼ》趾《し》球《きゅう》）の下を支点にし、指のつけ根から曲げます。

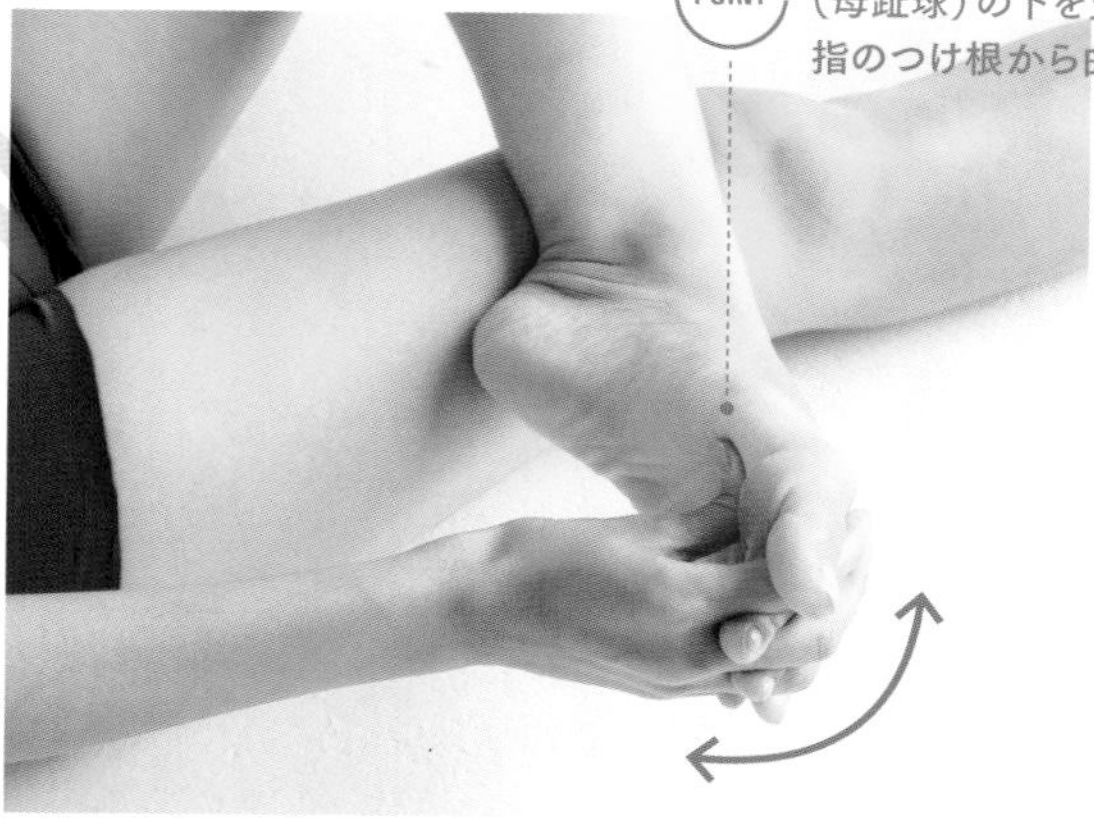

2 -

指のつけ根から足指を動かし血流をよくする

足の指と手の指を組み、指のつけ根から前後に10回動かします。

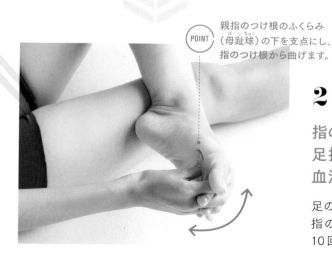

MASSAGE

1→4を左右
各3回×3セット

3 -

ひざからつま先まで一直線になるようにストレッチ

つま先からひざまでが一直線になるように足の甲をしっかりと伸ばします。そのまま10秒キープ。

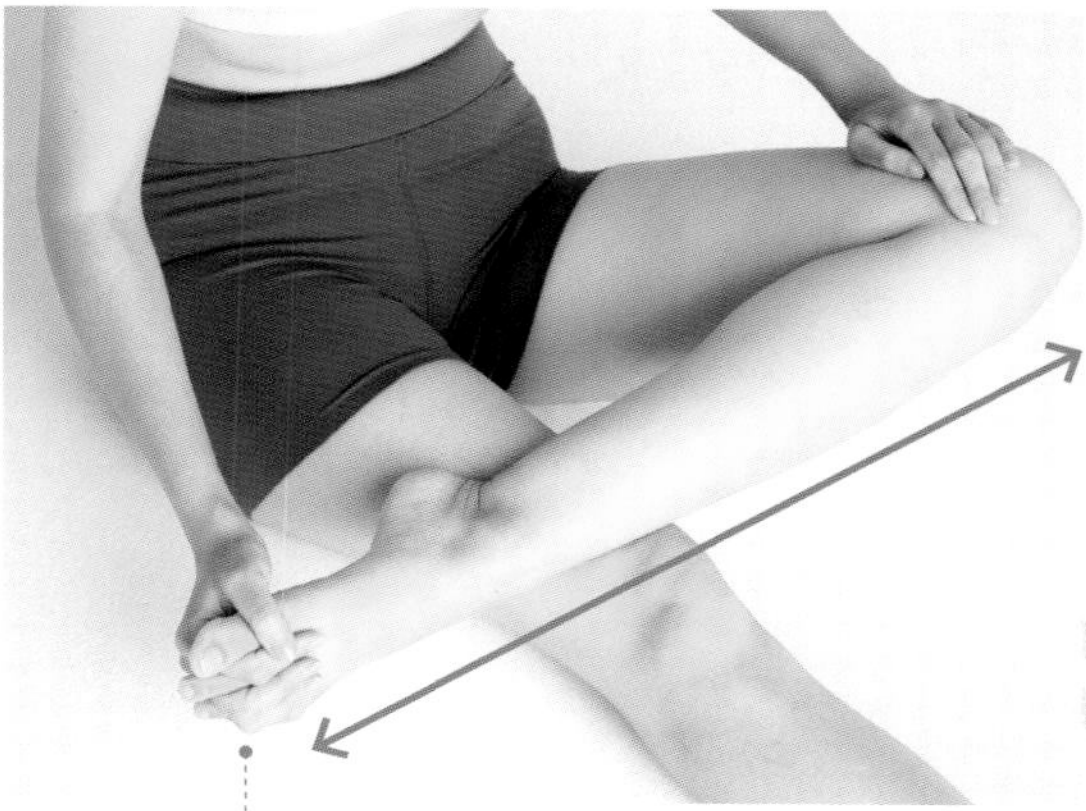

足の指と手の指を奥までしっかり入れ、組みます。 POINT

4 -

足の指と手の指をしっかり組み、足首を回します

足の指と手の指を組み、足首を大きく各10回ずつ回します。

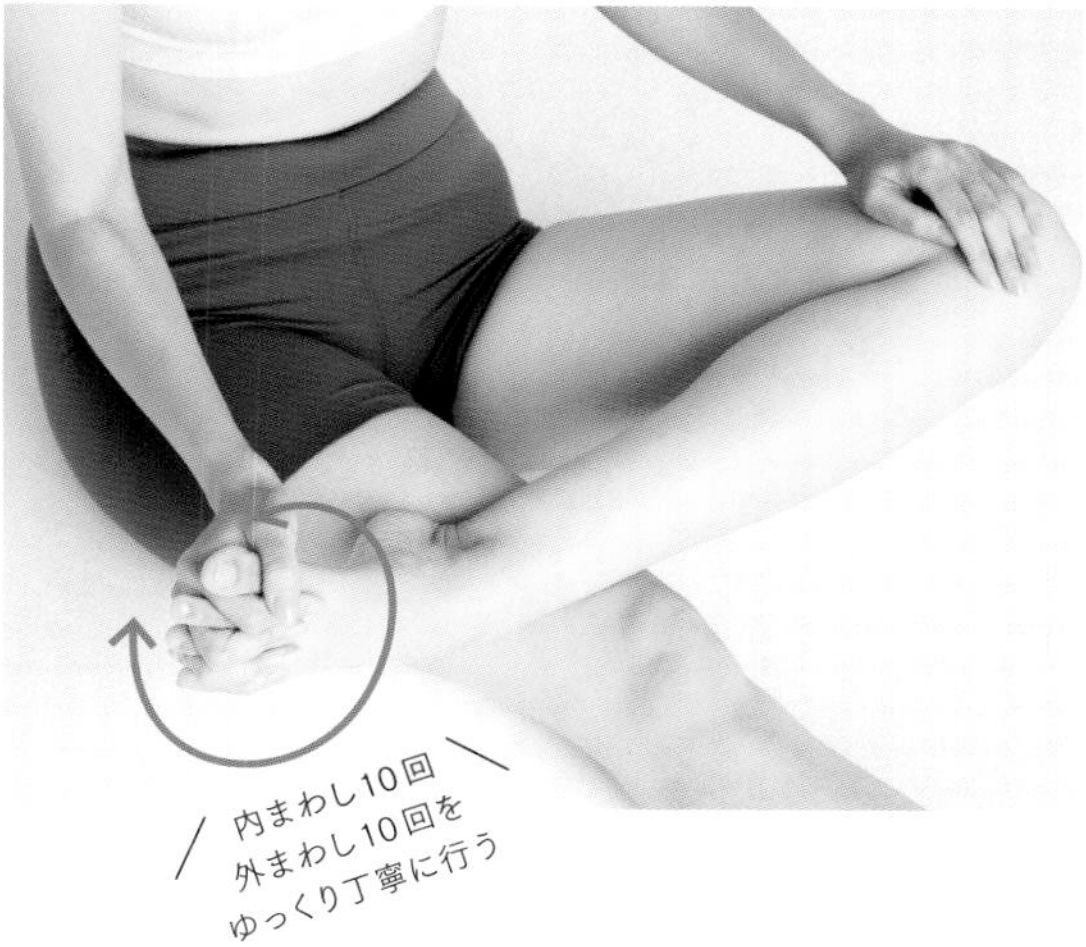

内まわし10回
外まわし10回を
ゆっくり丁寧に行う

やせながら
脚のカタチを一気に変える!

これが
ダイエットの
最終形

Chapter 4

METHOD 1

ダイエットが続かない人の多くは、納得できる効果を得られていないから。マッサージやエクササイズをしても効果を感じられていないのではないでしょうか。断言します！ それは何かしらやり方が間違っているからです。特に多いのは、ポイントが意識できていないこと、そして自己流になってしまっていること。まずは頭の中をリセットして、〝新しいことを始める〟という意識を持ってください。そして体のクセをとるためにも、それぞれのケアをゆっくり丁寧に行いましょう。ここから行う6日間のストレッチやエクササイズは美しく年を重ねていくためにも、ぜひともルーティンにしてほしいと思います。

残りの6日間で一気に脚のカタチを変える

まずは3日間お疲れ様でした!!

3日間でベーシックストレッチ&マッサージをし、歪みや関節のかたさを少しずつリリースできたと思います。この3日間であなたの体は確実に変わってきています。脚のむくみがとれ、トイレに行く回数が増えたり、姿勢を意識できるようになっていませんか?

日々の変化を楽しみながら、さらに6日間がんばってください。

次の6日間はより奥深く、そしてより細かい部分に効かせていく組み合わせになっていますので、引き続き丁寧にやってみてください。

ここからの6日間はストレッチで骨を整え、必要な筋肉をゆるめなが

ら育て、マッサージでむくみをとりながら、むくみにくい体を作り、さらにボディメイクしていきます。ボディメイクは脂肪を移動させるだけでなく、むくみをとりながら粘土細工のように体を作っていくイメージです。ストレッチもマッサージもひとつひとつの動きのポイントをしっかり理解し、どこにどのように効いているのかを感じながら行ってください。私の経験上、３日間で体はストレッチとマッサージをするということに慣れ、歪みは矯正されていきます。でも４日目、５日目になると以前のクセのある体に戻ろうとする傾向が。そこでもう一息がんばってほしいのです。それを乗り越えるとストレッチとマッサージをしないと体が気持ち悪くなってくるはずです。なぜならストレッチやマッサージをしたほうが歪みが改善され、血液やリンパの巡りがよくなり、体が引き締まるのを実感できるからです。嬉しいことに疲れがとれにくくなった、体が重い、やる気が出ないなどの不調も改善できるのです。

そう、「久式下半身やせメソッド」では、きれいにやせるだけでなく、健康にもなれるのです。

体重以上にボディラインが変わることを実感できるダイエット

リンパマッサージでは体重が減るというより、全体的に引き締まるといったほうがしっくりくるかもしれません。なぜかと言うと、リンパマッサージをすることでまず体に溜まっていた水分や老廃物が排泄されます。するとむくみがとれ、特に足の甲や足首などが引き締まった印象になります。心臓から一番遠い足のむくみがとれれば、ふくらはぎ、太ももなども徐々に引き締まってくるのです。むくみがあると皮膚がブヨブヨした質感になり膨張しているように見えますが、そのむくみがとれることによりシュッと引き締まった質感になるのです。

マッサージで得られる効果にストレッチの効果もプラスされるので、

ボディラインもどんどん変化し、体重は減っていないのに「やせた？」と聞かれることもあると思います。実はリンパマッサージの場合、３kgくらいはすぐに落ちますが、その後はなかなか体重に変化が起きないという特徴があります。でも体重が変わらなくても確実にボディラインは変わっているので、体重はただの数字でしかないと実感できます。

ダイエットというと体重を減らしたいというより、シルエットを変えたいという人のほうが多いと思うのです。つまり体型を変えたいということ。だったら数字よりも見た目重視でいいのです。いくら体重が減っても理想の体型になれるわけではなく、やせたことによって胸からやせてしまった、セルライトが目立つようになったなど、思い通りのダイエットではないことが多々あります。

ですから、ストレッチとマッサージの組み合わせでむくみがとれ、体全体がバランスよく引き締まり、動くためのしなやかな筋肉があるボディになれるのです。９日間終わったときには確実にボディラインが変わり、体重以上にやせた印象になっているはずです。

COLUMN

04

私が思う「美脚」の条件

細いだけの脚じゃ、美脚じゃない!! ボディ同様女性らしいメリハリのある脚こそが美しいと私は思います。日本ではただ細いだけの脚が美しいと言われがちですが、世界基準ではNGなのです。私の父は世界三大ミス・コンのひとつである「ミス・インターナショナル」の企画・運営をしていました。その父が教えてくれた「美脚の4点」。それは正面から見てくるぶし・ふくらはぎ・ひざ・太もものつけ根の4点がくっつくこと。これこそが美しい脚の条件。元々脚が曲がっていて、まっすぐになんてならない、という方は歪みが原因ですから姿勢を整え、歪みを直せばまっすぐになるので諦めないで! そして忘れてはいけないのが「肌の質感」。乾燥や荒れたかかと、魚の目・タコがあったらせっかくの美脚も台なし! やわらかくてツルツル、良質な筋肉の美脚を育てましょう!

[美脚の条件]

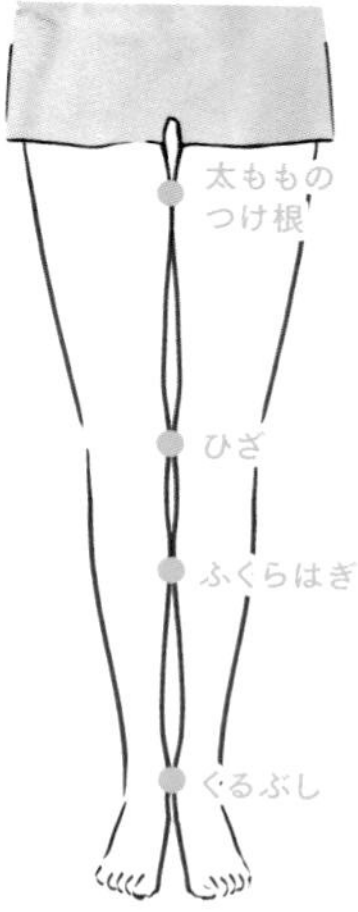

①
美脚の4点がつくこと

②
弾力やハリがあり、
皮膚トラブルや乾燥のない
しっとりした質感の肌であること

DAY /4

美脚になれる筋肉を一気に育てる日

DAY1～DAY3で歪みを改善し、骨を正し、筋肉をゆるめ、血液やリンパの流れを整えたボディをさらにブラッシュアップさせるべく、4日目のスタートです。4日目は脚に集中したストレッチ&マッサージで、美脚に向けてより深い筋肉を育て上げていきます。また、引き続き足裏へのアプローチも行い、徹底的に巡るクセを体につけていきます。

MEMO

DAY 4

すらっとまっすぐ伸びた脚になるために、お腹からつま先まで
意識してしっかり伸ばします。美脚を作る筋肉を一気に育てます。

ストレッチ

1 - 仰向けになり、ひざを立ててリラックス

仰向けになり、脚を揃えてひざを立てます。

2 - ひざを抱え、お腹とお尻をストレッチ

お腹に力を入れ、ひざを胸に引き寄せます。そのまま5秒キープ。

STRETCH

1→4を
5回×3セット

POINT
つま先までまっすぐ
伸ばします。

3 - つま先までまっすぐ伸ばし、脚を真上に上げる

両脚を揃え、つま先をまっすぐ伸ばして
脚を真上に上げましょう。そのまま５秒キープ。

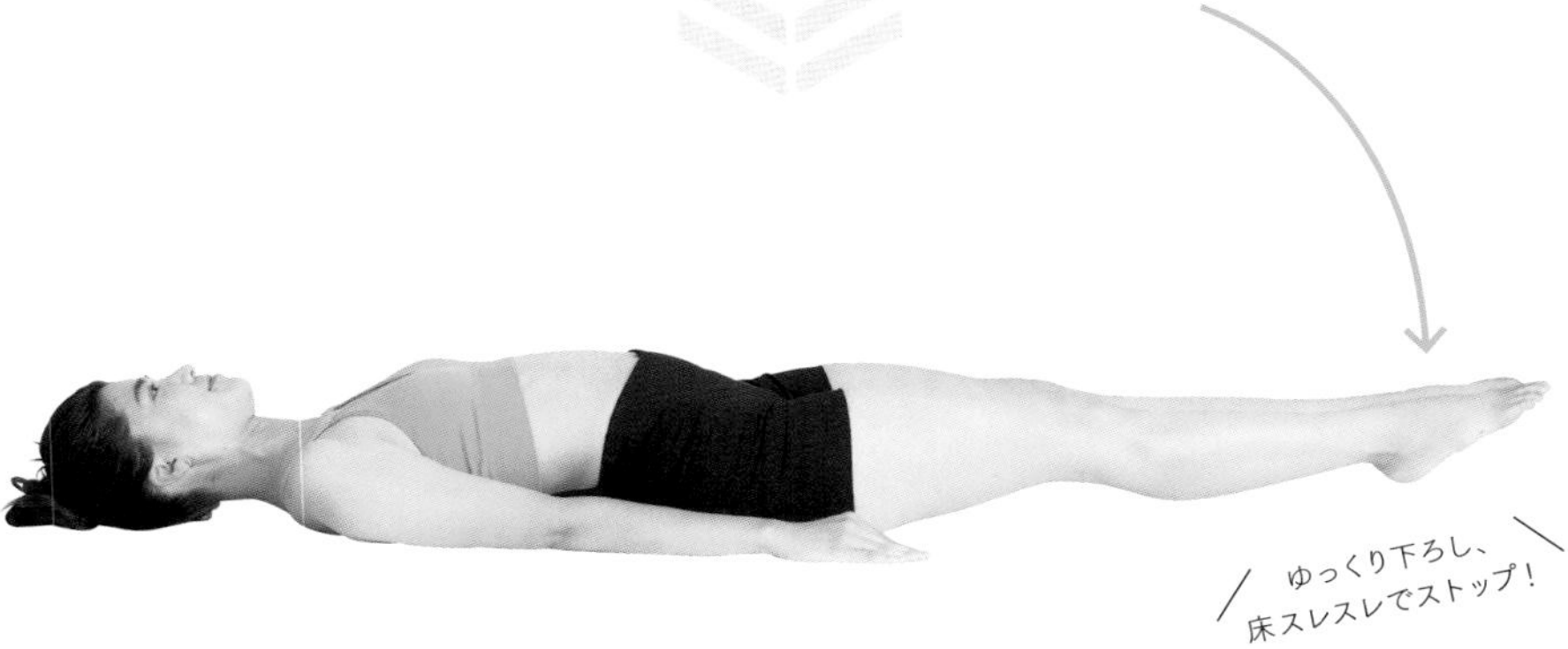
ゆっくり下ろし、
床スレスレでストップ!

4 - お腹に力を入れたまま脚を床スレスレまで下ろす

そのまま脚をゆっくり５秒かけて下ろし、
床スレスレでそのまま５秒キープしましょう。

DAY 4

マッサージ

脚全体を伸ばして、むくみ知らずの脚に！ 足裏の筋肉を刺激し、蘇らせるだけで足の機能性がアップし美脚になります。

1 -

つま先を前後に動かし、足裏の筋肉を伸ばす

手を後ろについて、脚を伸ばして座り、つま先を前後に5回動かします。

2 -

両脚を揃え、つま先を立てたまま左右に大きく動かす

両脚を揃え、つま先を立てて足の裏を伸ばし、左右に大きく5回動かします。

MASSAGE

1→4を
3回×5セット

3 -

太ももを手のひらで押し、血流をよくする

脚を横に開き、右の足裏を左の太ももに当て、右の太もも全体を両手のひらで脚のつけ根からひざに向かってしっかり押します。反対側も同様に。

1プッシュあたり
3秒ずつしっかり押して

4 -

足裏をこぶしの第2関節で押し流し、溜まった毒素をデトックス

足裏全体をこぶしを作った第2関節で足指のつけ根からかかとに向かって押し流します。反対側も同様に。

POINT
10〜15秒かけて
しっかり押し流す。

COLUMN

05

体重以上にやせて見える「骨」のオハナシ

皆さんは「骨」を意識したことがありますか？　よく耳にするのは「鎖骨」「肩甲骨」でしょうか。鎖骨は最高のジュエリーと言われるくらい、しっかり出ているとデコルテが締まり、女性らしい印象になります。鎖骨がすっきりしているだけでなんと小顔効果もあるのです。そして「肩甲骨」。Tシャツを着た後ろ姿が女性らしく、美しく、凛として見えるのはこの骨がすっと出ているとき。肩甲骨がしっかり動かせていると「やせ細胞」である褐色脂肪細胞を刺激できるので可動域を広げない手はありませんよね。最後に「ひざ」も忘れてはいけません。ひざの骨、膝蓋《しつがい》骨《こつ》がくっきり出ているとひざ下が長く細く見えるので脚長効果があるんです。骨がしっかり出ることでスタイルがよく、やせて見えるのですから骨まわりのケアをしない手はありませんよね。

DAY 5

自重を使って「歪み脚」を「まっすぐ脚」に矯正する日

いよいよ後半戦へ突入です。5日目は自重を使ったストレッチで、全身の巡りを活発にしましょう。またマッサージでも自分の体の重さを使って脚の歪みを矯正し、むくみもしっかりとっていきます。コツさえつかめば、自重を使ってのセルフケアはとても楽チン！ ひとつひとつの動きのポイントをチェックして確実にアプローチしていきましょう。

MEMO

DAY 5

ストレッチ

四つん這いになることでお腹と腰をバランスよく伸ばすことができます。
ふくらはぎに自重をかけ全身に血液を運びましょう。

POINT 深呼吸をゆっくりと3回行います。

1 -

四つん這いになって上半身をゆるめる

手のひらとひざを床につけ、足を肩幅に開いて四つん這いになり、ゆっくりと呼吸します。

POINT 鼻から息を吸いながらゆっくり動かして。

2 -

上半身を前にスライドして腕と背中をストレッチ

背中を床と並行にしたまま5秒ほどかけて上半身を前にスライドさせます。

STRETCH

1→4を
5回×3セット

両足を少し広げ、
足と足の間にお尻が
入るように

3 -

下半身をストレッチして筋肉をゆるめる

口から息を吐きながら、お尻が床につくスレスレまで5秒ほどかけてゆっくりと下ろします。

足首を掴み、上下に
体をバウンドさせます

4 -

足首を掴みながらバウンドして全身に血液を運ぶ

足首を掴み、お尻が床にスレスレのところで体を上下に5回バウンドさせます。

DAY 5

脚の歪みをとり、むくんだ脚を一気に細くする自重マッサージ！
歪みをとってくれるからまっすぐな脚になります。

マッサージ

POINT 奥までゆっくり効かせるように5秒プッシュ。

1 -

脚のつけ根のリンパをしっかり押し開く

ひざと足を軽く開いて床にひざをついてつま先を立て、少し前かがみになりながら、脚のつけ根を親指で5秒しっかり押します。

2 -

太ももに手を置き、脚の筋肉をゆるめる

太ももの真ん中を手のひらで押しながら、上半身を上下に10回バウンドさせます。

MASSAGE

1→4を
3回×5セット

3 -

ひざ上を押し、バウンドしながらひざまわりの老廃物を流す

2の体勢のままひざの真上に手をおき、上半身を上下に10回バウンドさせます。

4 -

上体をかかとにのせ、腰を反らせて胸を開く

腰を反らし、胸を開いて手を後ろに回して足裏を掴み、お尻に体重をかけます。そのまま5秒キープ。

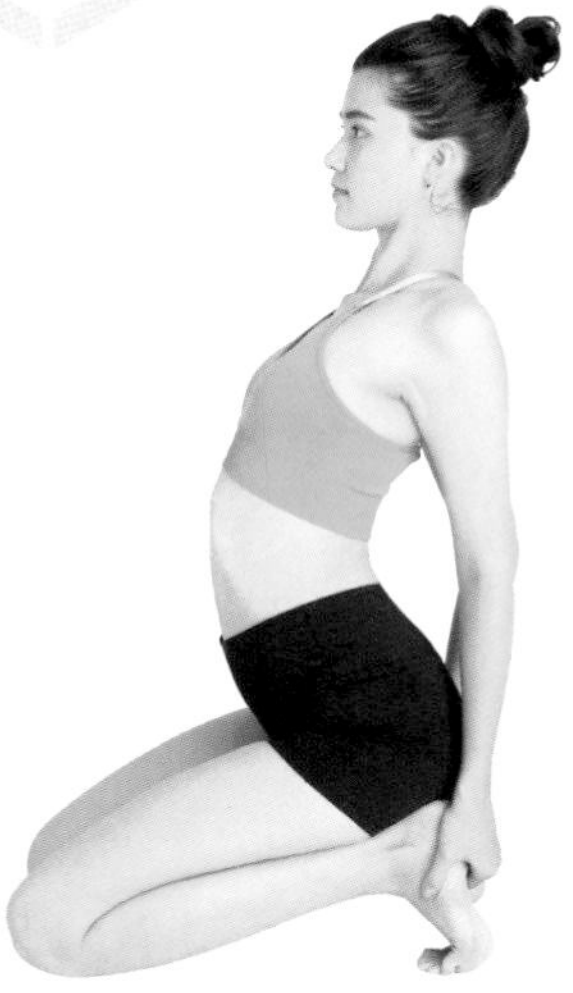

COLUMN

06

最近みるみるやせると話題のインディバのオハナシ

皆さん、インディバってご存じですか？　インディバを受けたことはありますか？

インディバとはもともとスペインでがん治療のために開発された医療機器で、高周波によって体の中に熱を発生させる温熱機器です。インディバの熱源は体内の細胞分子を移動させて生じる摩擦熱なので、深部まで温められ、体内組織の温度を３～５度上昇させることができます。このインディバの温熱作用で皮膚組織や筋肉が活性化し、内臓機能が高まり、血液やリンパの流れも促進することができるのです。体の深部・浅部ともにアプローチすることにより、体質改善、ボディメイク、セルライト除去、さらに表情筋も刺激するので、たるみや二重あごの改善・リフトアップ効果も期待できます。私のサロンでは、これまでのメソッドにインディバを組み合わせることでむくみを改善させ、巡りのよい体に導き、健康にやせる「久式インディバメソッド」を考案しました。久式リンパマッサージとの併用により関節をゆるめ、良質な筋肉を育て、さらには皮下脂肪・内臓脂肪にもアプローチ。デトックス作用を驚くほど促進することができます。

DAY 6

良質な筋肉を育て、360度美しい脚を作る日

美脚とは前後左右どこから見ても美しいメリハリのある脚のこと。一見細くても足首やふくらはぎが太かったり、ただ全体的に細いだけ、というのは美脚ではありません。6日目はこの360度どこから見ても美しい脚を目指して、筋肉を徹底矯正します。O脚やX脚改善にも効果があるので、ぜひともがんばって行っていきましょう。

MEMO

DAY 6

脚360度を美しく整えるストレッチ。下半身の筋肉をリリースし、
再教育するストレッチなのでO脚やX脚改善にも！

ストレッチ

1 -

関節にアプローチして、柔軟さを強化

ひざとかかと、つま先をくっつけて立ち、ひざを軽く曲げます。

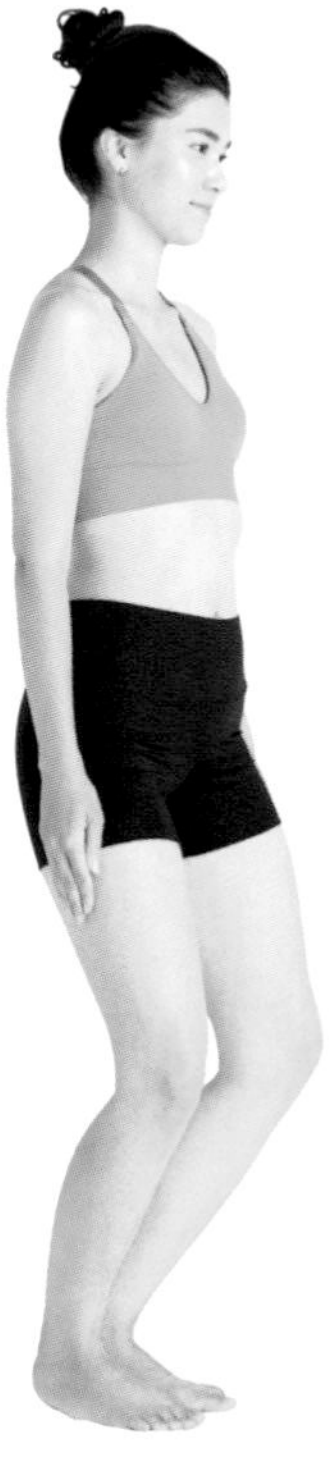

POINT

ひざだけを左右にパカッと開きます。

2 -

ひざを開き、ヒップラインを整える

1の体勢のままゆっくりとひざを開きます。そのまま5秒キープ。

STRETCH

1→4を
5回×3セット

POINT
お腹の中心をしっかり伸ばします。

3 -

腰を反らせ、お尻を引き上げてお腹をしっかり伸ばす

2の体勢のまま脚のつけ根とお尻を引き上げてお腹を伸ばし、そのまま5秒キープします。

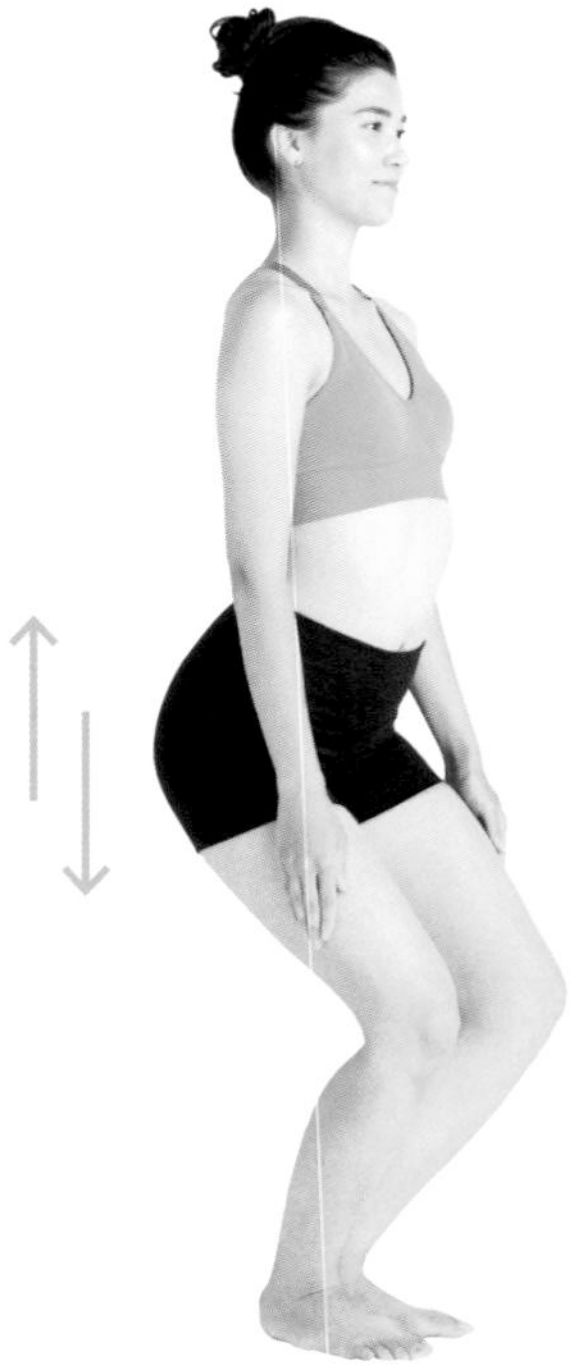

4 -

ひざを屈伸させ、お尻と太ももの美脚筋を鍛える

3の体勢のままひざを屈伸させ、上下に5回ゆっくりとバウンドさせます。

DAY 6

脚のラインを整え、疲れ知らずの美脚に！ アキレス腱からふくらはぎをケアすることで良質な筋肉を育てます。

マッサージ

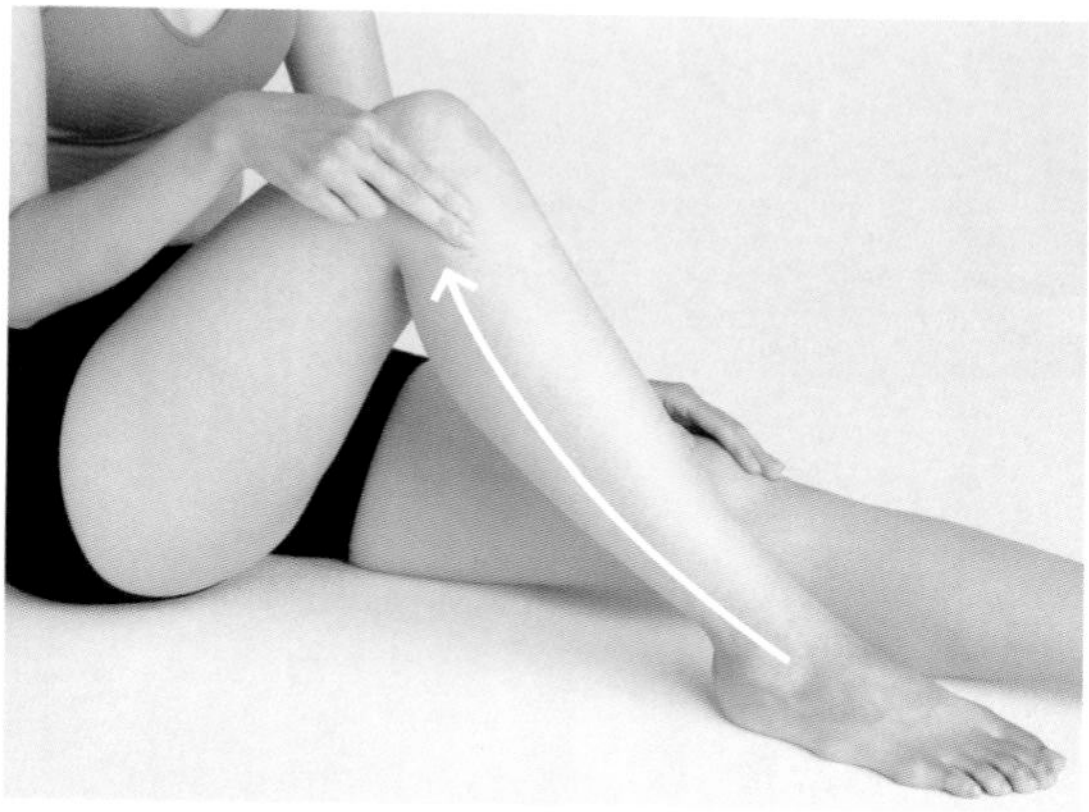

1 -

脚の骨のフチに沿って押し、老廃物を流す

右ひざを立てて座り、スネの骨に沿って外側を人差し指・中指でくるぶしからひざに向かって押し流します。5回繰り返します。

POINT ひざの骨のまわりをしっかりと押し動かします。

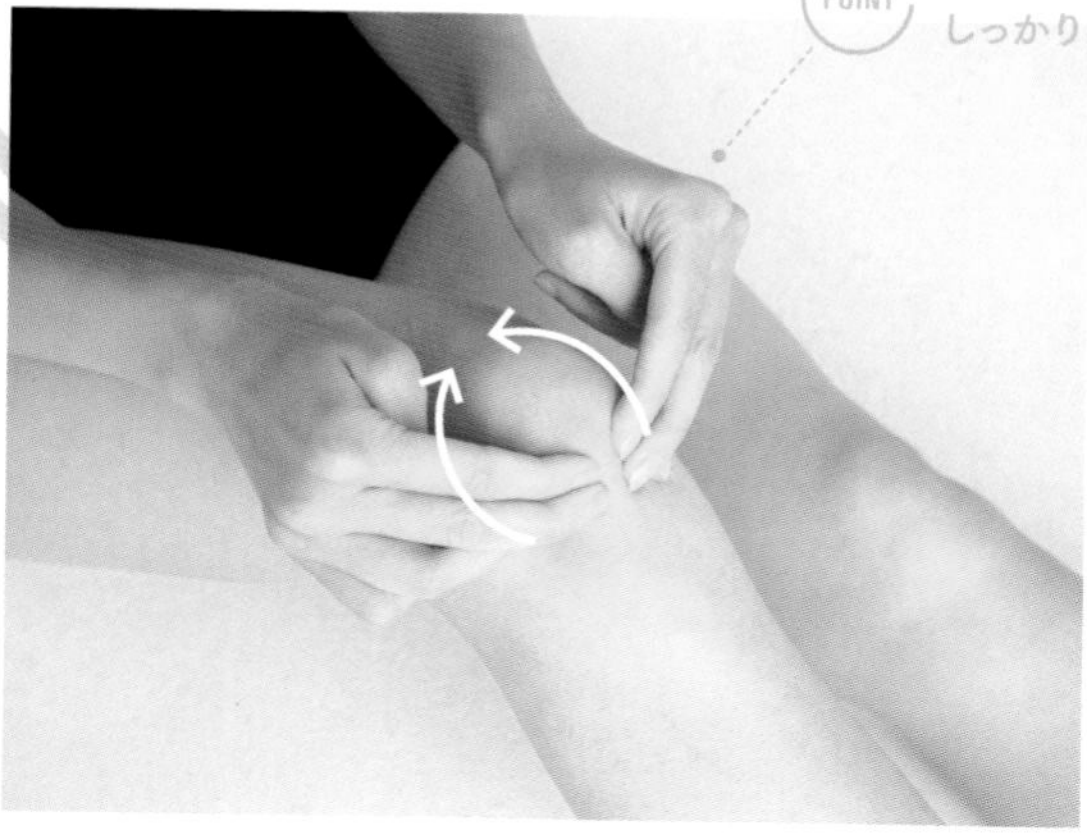

2 -

ひざの骨のまわりに沿ってしっかり刺激

ひざの骨のまわりに沿って、下から上に両手の人差し指・中指・薬指の腹を使って20秒ほどかけて刺激します。

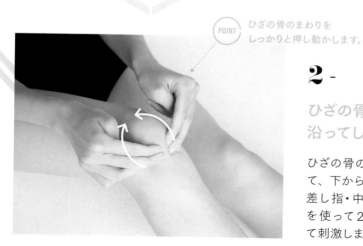

MASSAGE

1→4を左右
各5回×5セット

3 - アキレス腱から ひざ裏まで つまみ上げる

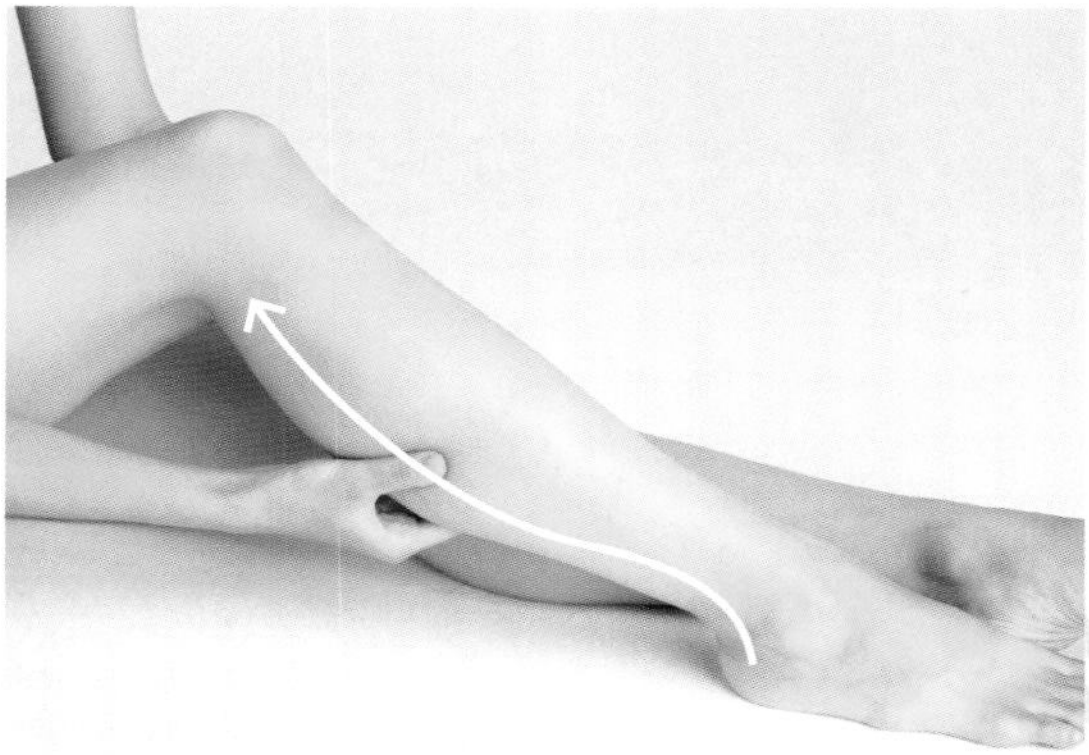

かかと→アキレス腱→ふくらはぎを親指と人差し指でつまみながら下から上に向かってつまみ動かします。5回繰り返します。

4 - ひざ裏のリンパ節を 開くように押す

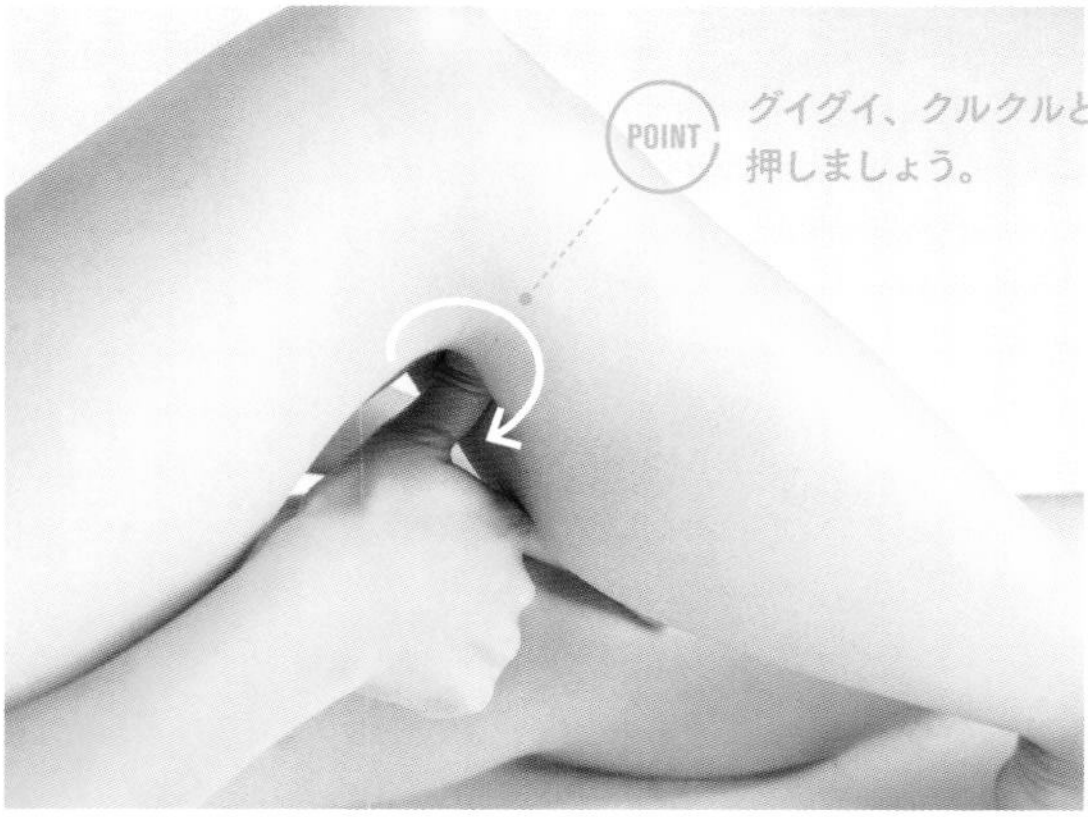
POINT
グイグイ、クルクルと押しましょう。

ひざの裏を親指で5秒グッと押し、そのまま時計回りに大きく円を描きます。より奥まで刺激するように意識して！

COLUMN

07

免疫力はマッサージで高められます

リンパマッサージで免疫力がアップすることはご存じですか？　「リンパマッサージ」というとやせる、ダイエット、痩身という言葉を連想すると思いますが、本来リンパマッサージは医療の現場で使われていた手技なのです。そしてその「リンパ」は免疫力と大きく関係していて、リンパマッサージでリンパの流れをよくすることで免疫力を高めることができるのです。リンパの中には免疫に関わっている免疫細胞があり、細菌やウイルスから体を守ってくれています。リンパマッサージをすることで血液の循環がよくなり、免疫細胞が活性化し、体内に侵入した病原菌やウイルスなどを撃退してくれるのです。残念なことに免疫を司る免疫細胞は年齢とともに減り、その機能も落ちていきます。でも常にリンパの流れをよくする意識を持ち、ケアを続ければ、免疫が上がり基礎代謝がアップして自律神経のバランスも整えられ、むくみも改善されるので、健康にも美容にもよい効果が期待できます。

これからは、自分の体は自分で守る時代。免疫力を上げるためにもリンパマッサージを習慣にしましょう。

DAY 7

”

ぽっこりお腹を解消し
脚やせ速度を
一気に加速させる日

7日目はお腹まわりに集中したストレッチ&マッサージです。下半身とは一見関係なさそうに感じるかもしれませんが、実は、腸の中にはリンパ管がたくさんあるのです。その腸リンパをしっかり刺激することにより、全身の循環がよくなり、下半身引き締めに拍車をかけられるのです。骨盤底筋も鍛えられ、もちろんお腹もすっきりスリムになっていきます。

MEMO

DAY 7

お腹の奥までしっかり刺激し、太もも・お尻を引き締める効果大！
骨盤底筋も刺激できるのでぽっこりお腹改善にも！

ストレッチ

POINT 脚はまっすぐ伸ばして。

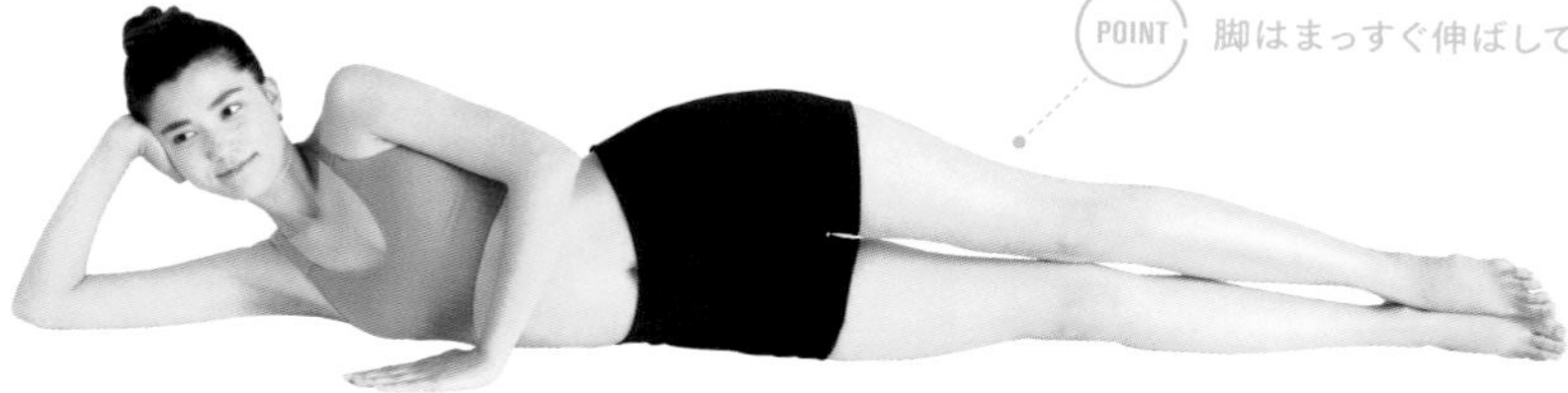

1 - 横向きになり、脚をまっすぐ伸ばしリラックス

横向きになり、ひじをついて頭を支えます。反対の手のひらを
胸の前の床につき、体重をかけてバランスをとりましょう。

POINT お尻にキュッと力を入れ
ひざを開きます。
上半身が倒れないように！

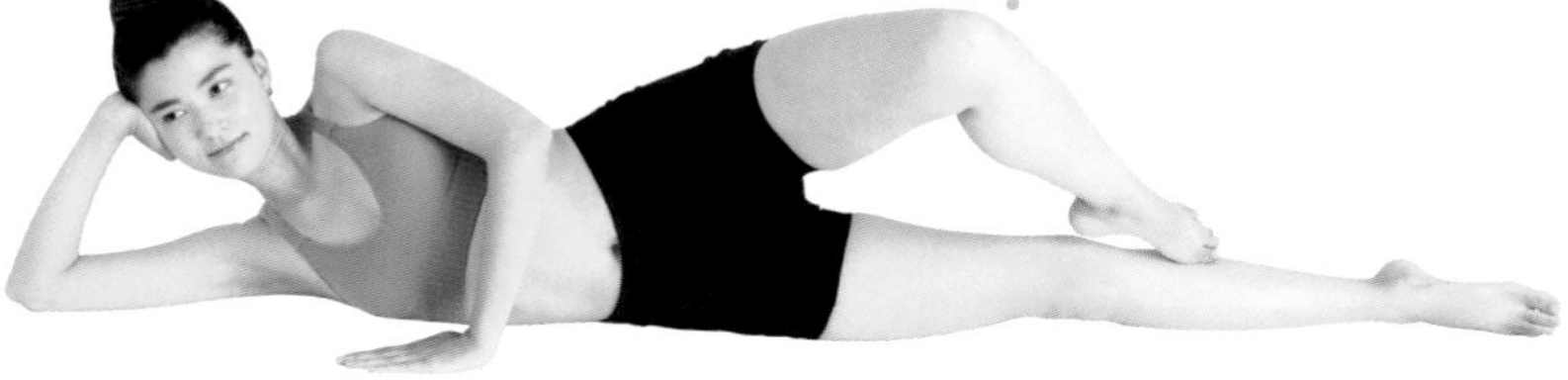

2 - お尻にキュッと力を入れてひざを開く

1の体勢からお尻にキュッと力を入れ、ひざをパカッと開き、戻します。
ひざを閉じたまま両ひざがくっつく寸前まで下ろし、また開きます。
5回繰り返します。

STRETCH

1→4を左右
各5回×3セット

POINT ひざ下からつま先までが床と並行になるように動かします。

3 - ひざを胸に引き寄せ、脚全体の筋肉を目覚めさせる

息を吐きながら脚を持ち上げて床と並行に上側のひざを
胸に引き寄せます。3回繰り返します。

お尻に力を入れ、後ろにキック

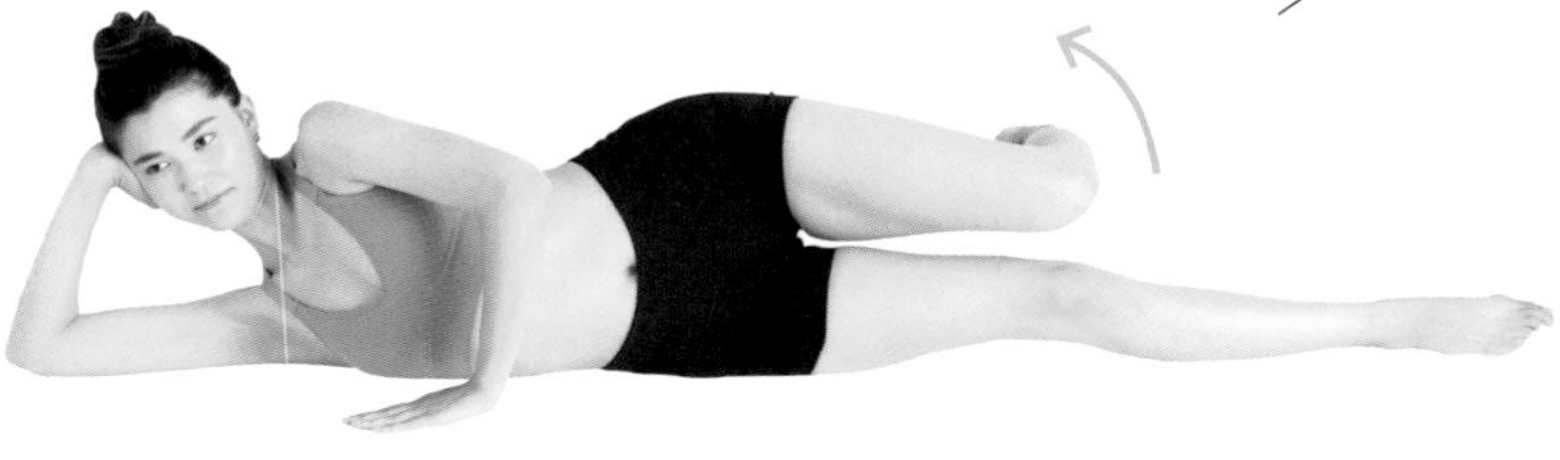

4 - お尻に力を入れ、かかとで後ろに蹴る

かかとで後ろに蹴るように腰から前太ももをしっかり伸ばしましょう。
3回繰り返します。

DAY 7

お腹にある腸リンパを刺激し、脚やせを加速させましょう！
脚全体のむくみを流し入れるため、おへその上をしっかり刺激して！

マッサージ

POINT こぶしの小指側で
細かくたたきましょう。

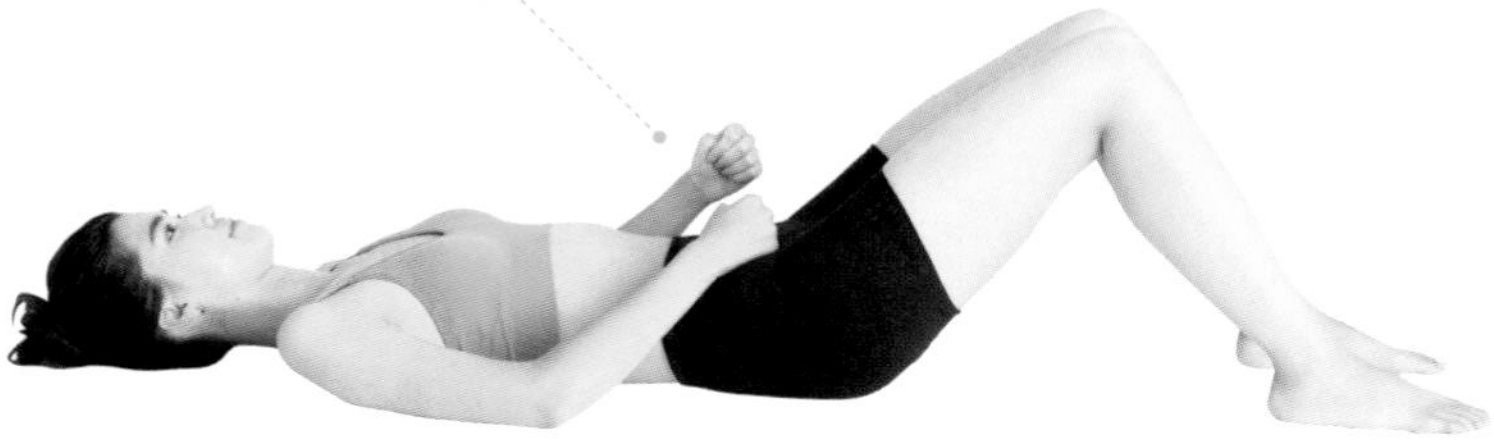

1 - 仰向けになり、脚のつけ根をたたく

仰向けになり、両ひざを立て、脚のつけ根をこぶしの小指側で
10～20秒、リズミカルにたたきます。

POINT 親指の腹で
骨のまわりを押す。

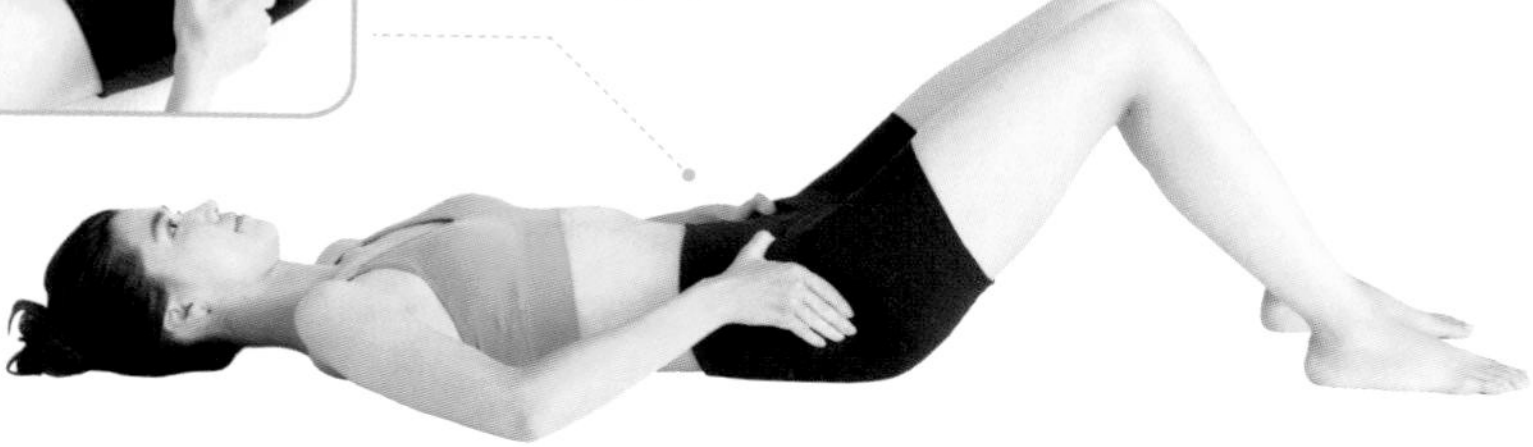

2 - 腰の骨に指を引っ掛けて押す

骨盤の出っぱりに親指を引っ掛けるようにして10秒ほど強く刺激します。

MASSAGE

1→4を
3回×3セット

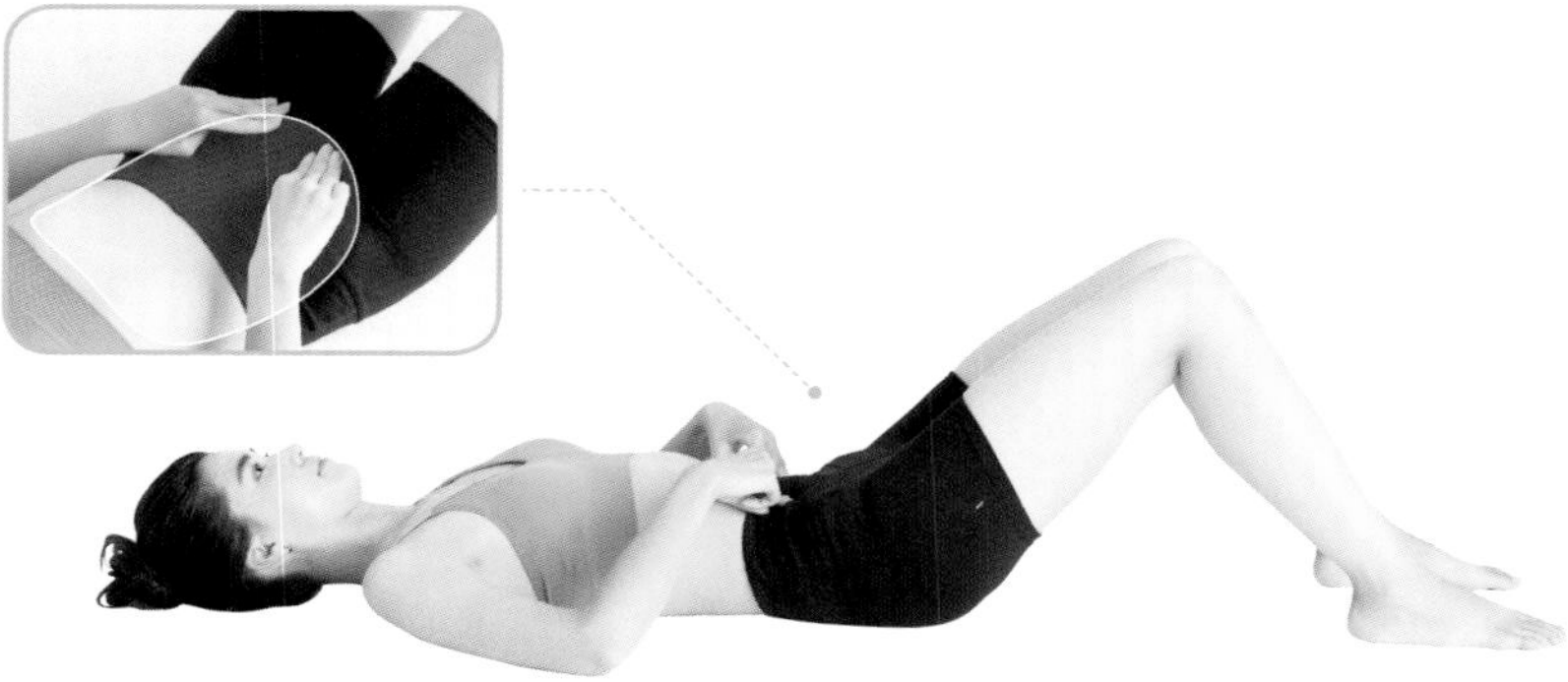

3 - 腸リンパを刺激するようにまんべんなく押す

2の体勢のままお腹を人差し指・中指・薬指の腹で
10～20秒、押すときに息を吐きながら
下腹部からまんべんなく時計回りに刺激します。

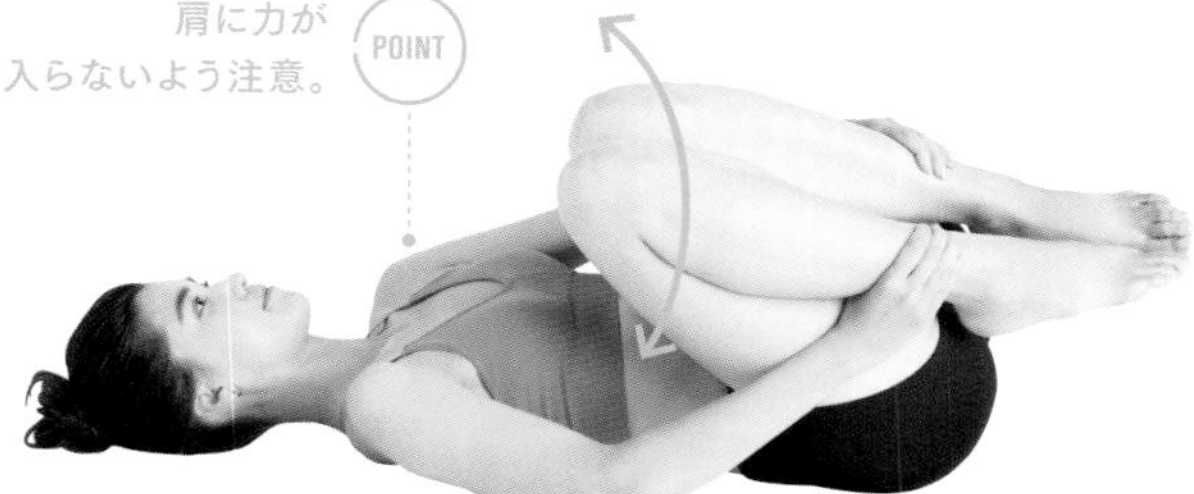

4 - ひざを曲げ、脱力して体を左右にゆらす

ひざを胸に引き寄せ、足首を掴み、脱力して左右に10秒ほどゆらします。

COLUMN

08

日常生活で筋肉を鍛える方法

最近ジムに行く人、パーソナルトレーニングをしている人が多いですよね。私は運動オンチ、運動嫌いなので、ジムには通えないタイプです（笑）。

脂肪を燃焼させるには筋肉が必要と言われていますが、私の理論ではまず脂肪をやわらかくすることが先決です。なぜなら私たちの体は皮膚の下に脂肪、脂肪の下に筋肉、そしてその下に骨があり、脂肪と筋肉の間には全身の筋肉をつなげている深筋膜《しんきんまく》という筋肉を包む膜があります。筋膜と言われているものなのですが、その筋膜のよじれ、こわばりがあると皮膚と脂肪が癒着し、さらには筋膜の下にあるそれぞれの筋肉が動きにくくなります。ですから筋肉を鍛える以前にストレッチし、筋肉を引き伸ばし、可動域を広げるとともに筋肉を目覚めさせ、本来あるべき位置に戻すことが大切なのです。そうすることで皮膚と脂肪の癒着がなくなり、脂肪をやわらかくすることができるのです。

あわせてマッサージをすると脂肪はどんどんやわらかくなり、老廃物は流れ、セルライトやむくみを自然に改善することができるのです。

DAY / 8

お腹まわりを刺激して全身のむくみを撃退する日

8日目もお腹まわりを中心に行っていきます。脚全体のむくみをしっかり流し切るためにも、お腹まわりを刺激することはとても重要です。そして本日のストレッチは骨盤の歪みにも効果があるので、丁寧に行っていきましょう。マッサージでは呼吸に意識を集中してください。上半身に効かせて、下半身とのバランスをとっていきます。

MEMO

DAY 8

脚全体のむくみを体に溜め込まないためにも、お腹まわりは柔軟に！
骨盤の歪み改善もできるので重心を意識して行いましょう！

ストレッチ

1 -

腰を意識し、立ちひざになる

左右のひざを肩幅ほど開いて、ひざ立ちをし、つま先を立て、手は腰に当てます。

POINT
息を吸いながら、お尻を突き出すようにします。

2 -

息を吸いながら腰を反らせ、胸を開く

お尻を少し突き出すようにし、腰を反らせ、肩甲骨を寄せるように胸を開きます。そのまま5秒キープ。

STRETCH

1→4を
3回×5セット

リズミカルに
動かします

3 -

腰を大きく左右に振り、腰まわりをゆるめる

2の体勢のまま腰を大きく左右に5回ずつ、大きく振ります。

POINT
息を吐きながら
背中を丸めるように
上半身を倒します。

4 -

お腹に力を入れ、背中を丸めて肩甲骨を伸ばす

お腹に力を入れ、背中を丸めながら肩甲骨を開くようにします。そのまま5秒キープ。

DAY 8

マッサージ

横隔膜をしっかりゆるめ、呼吸を正しましょう！ 上半身のデトックスをしながら、ボディメイクもできる優秀マッサージ。

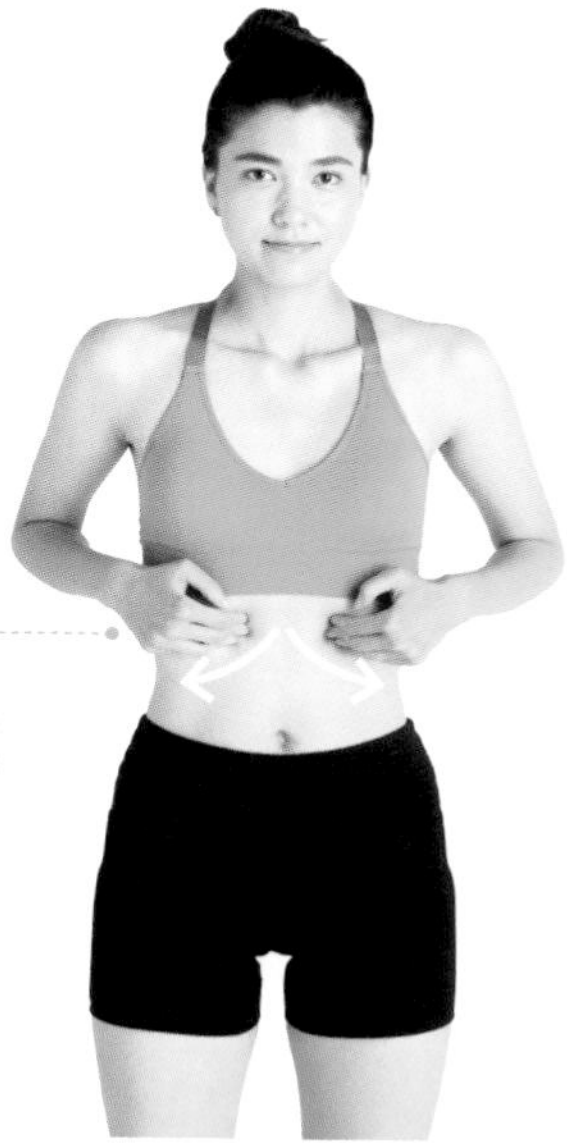

POINT

指が入りにくいときは少し前かがみになると指が入りやすくなります。

1 -

肋骨のキワに沿って指を入れ、刺激する

肋骨のキワを人差し指・中指・薬指の腹で上から下へ10秒ほどかけてゆっくり押し動かして刺激します。

2 -

鎖骨の下を外側から内側に向かって押し流す

肩から鎖骨下を通り、胸の中心まで押し流します。反対側も同様に。

MASSAGE

1→4を
3回×3セット

POINT 息を吐きながら
手のひらで押す。

3 -

胸の横に手のひらを当て内側に向かって押す

胸の横に手のひらを当て、息を吐きながら5秒ほどかけて内側に押します。

POINT 息を吐きながら
手のひらで押す。

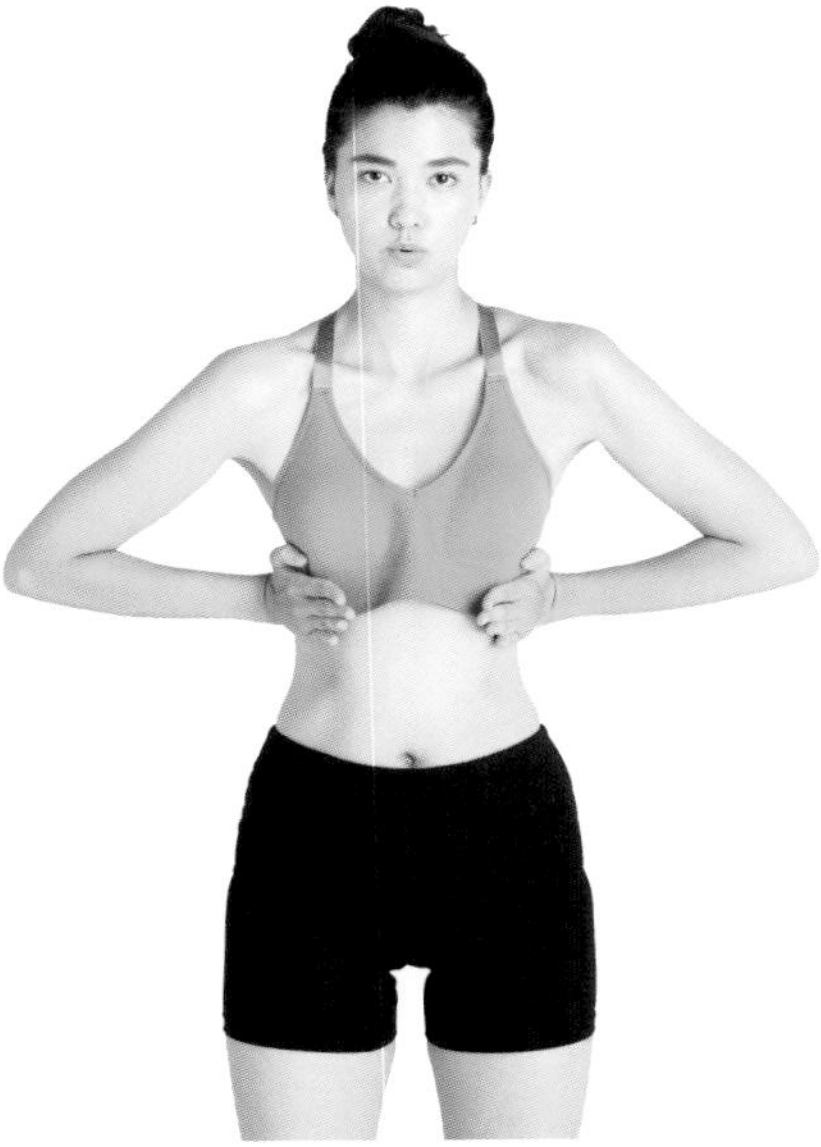

4 -

アンダーバストに手のひらを置き、中心に向かって押す

アンダーバストに人差し指がくるようにして肋骨を包み込みます。息を吐きながら5秒ほどかけて中心に向かって押します。

COLUMN

09

寝る前のルーティンにしてほしいこと

私は寝る前の時間をとても大事にしています。睡眠は、健康と美容の鍵であると言っても過言ではありません。それは、疲れた体や脳を休ませるための時間だからです。特に細胞が活発になり、新陳代謝が盛んになると言われる23時〜2時の間には眠っていたいと日頃から思っています。そんな大切な「睡眠」前に私がルーティンにしているのは、自分の肌に触れるということ。お気に入りの香りを身につけ、部屋をやや暗くし、ときには好きな音楽をかける……。そのように自分と向き合う時間として過ごしています。

ただ自分の体に触れるだけでも気がつくことはたくさん。肌の乾燥やセルライト、むくみ、あざ、贅肉など。またそのときお気に入りの香りに包まれることで快眠につなげることができます。そして寝る前の1時間を暗めの部屋で過ごすと脳からリラックス時の脳波と言われるα波が出やすくなります。スローストレッチ（寝転がりながら行えるストレッチ）もおすすめ！　伸ばしている部分を手でさすることで皮膚表面のリンパにアプローチできるため、翌朝、脚がすっきりしています。

DAY 9

腸リンパを刺激しながら「やせやすい巡る体」に仕上げる日

いよいよ最終日になりました。体もだいぶ変わってきたのではないでしょうか。見た目はもちろん、疲れにくくなったなど、内面の変化も感じられてきているかと思います。仕上げは、全身を使って巡りを促し、デトックスさせるストレッチと、おへそまわりや恥骨、お尻に溜まった老廃物をしっかり流し切るマッサージです。

MEMO

DAY 9

ストレッチ

全身のデトックスをしながら、巡る体を作りましょう！
腕を大きく動かし、腰や背中をひねり、体の隅々までアプローチ。

POINT

深呼吸をして
体の隅々まで
酸素を送ります。

1 -

大の字に手足を広げて立ち、大きく息を吸う

脚を大きく広げてまっすぐ立ち、両手は真横に伸ばし大の字を作ります。

POINT

ひざを曲げ、
胸を開き
両手を伸ばします。

2 -

右ひざを軽く曲げ、腕は天井と床に向ける

1の両腕を広げたまま上半身を右に倒します。右ひざは少し曲げ、両手は床と天井に向け、腕は一直線になるように。そのまま5秒キープ。

STRETCH

1→4を左右
各5回×5セット

肩甲骨の動きを
意識しましょう。
POINT

3 -

天井に向けた手を大きく振り下ろしつま先にタッチ

2で天井に向けた手を大きく動かして下ろし、つま先にタッチします。そのまま5秒キープ。

POINT
上半身をひねり、
目線を上に！

4 -

上半身をひねり、目線を上に向ける

つま先をタッチしたら左手を体の側面に沿わせ目線を上に向けます。そのまま5秒キープ。

DAY 9

マッサージ

おへそまわりから恥骨にある老廃物を集め、腸リンパにアプローチ。脚のつけ根をゆるめ、お尻に溜まった疲労物質や老廃物を流しましょう。

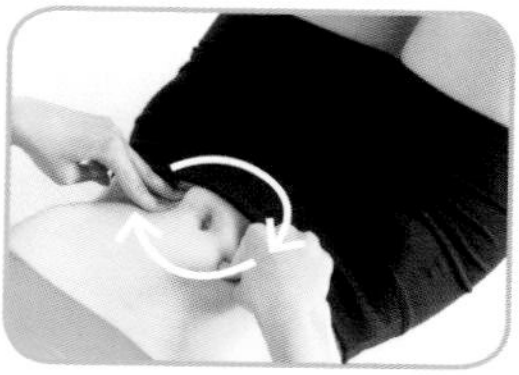

POINT 押すときに息を吐きながら行うと指が入りやすい。

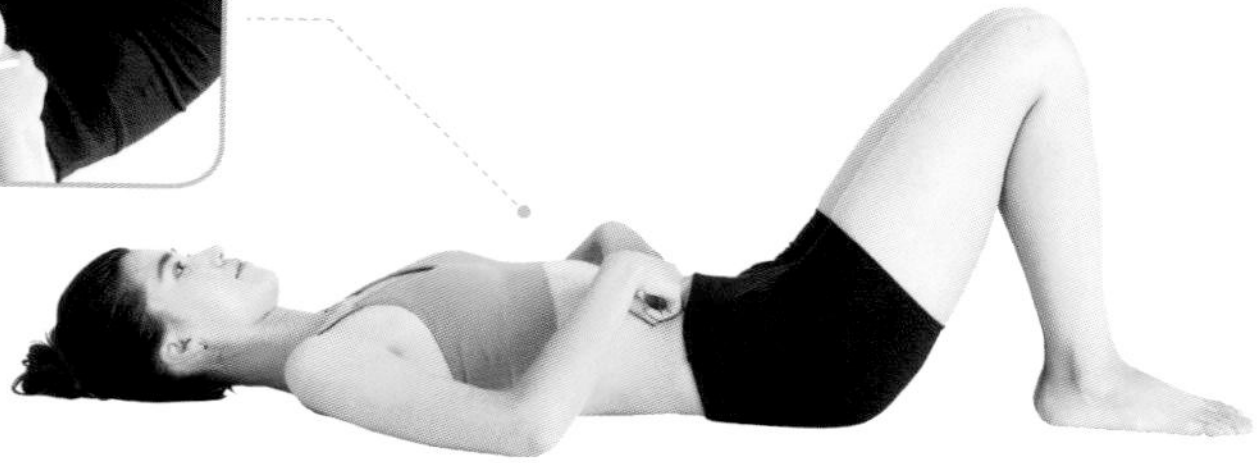

1 - おへそまわりを指でしっかり刺激

おへそのまわりを人差し指・中指・薬指の腹で時計回りに10～20秒かけてゆっくり押します。

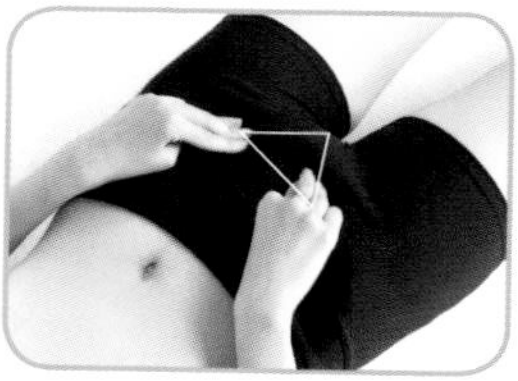

POINT 恥骨まわりのゴリゴリした老廃物を流します。

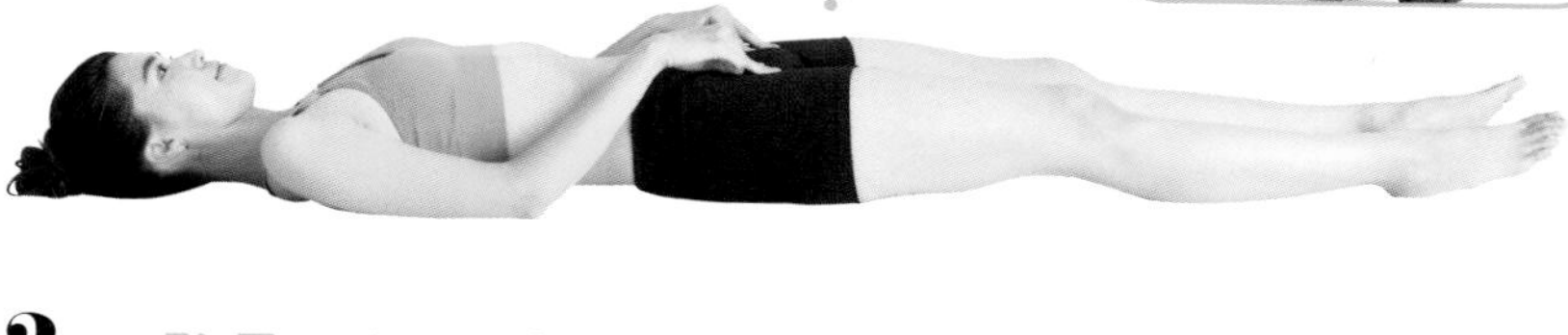

2 - 恥骨のキワを指の腹を使って刺激

恥骨の上とキワを人差し指・中指・薬指の腹で10～20秒かけてゆっくり押します。

MASSAGE

1→4を
3回×3セット

筋がつかみにくいときは
脚の開く角度を変えてみて。
POINT

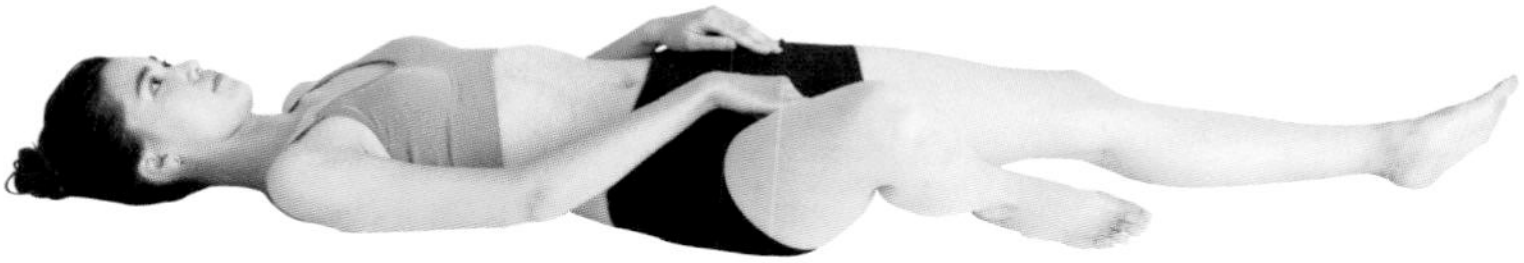

3- 脚を開き、脚のつけ根の内側の筋をゆるめる

ひざを立て、脚を開き、脚のつけ根の内側を親指と人差し指で
10～20秒つまんで刺激し、ゆるめます。反対側も同様に。

お尻の側面と後ろ側の
筋力をほぐすイメージで。
POINT

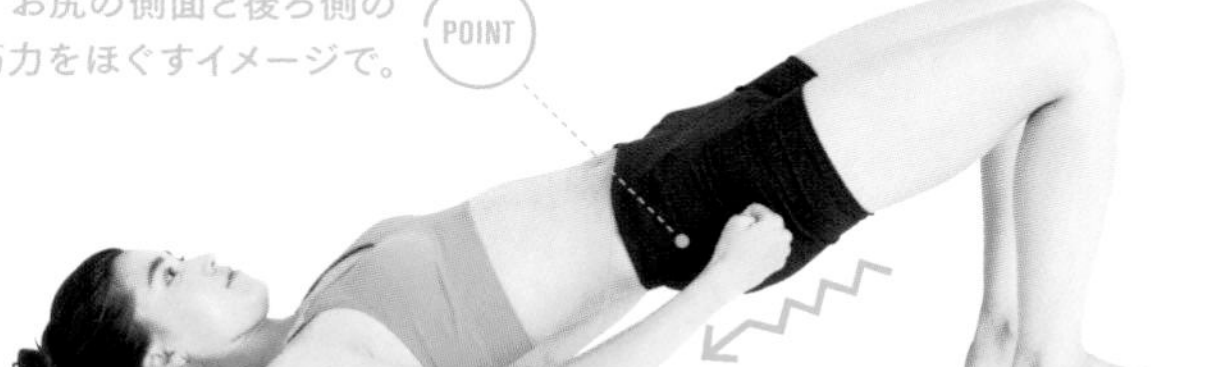

4- お尻を上げて、美尻筋を刺激

お尻を上げ、お尻の側面と後ろ側をこぶしを作った第2関節で
左右同時にジグザグと下から上に動かし刺激します。

欲はどんどん出せばいい。

やせた体と美脚を保つためにすべき6つのこと

ダイエットに成功し美脚を手に入れたら、そのスタイルは維持したいし、より磨きをかけたいですよね。これまでやってきた9日間のストレッチやマッサージを続けることはもちろん、他にも日々の生活でぜひ気をつけてほしいことがあります。あなたにとって、これを最後のダイエットにするためにぜひ取り入れてください。私がダイエットに成功し、26年スタイルキープできているのは、日々の小さな積み重ねがあってのこと。あなたのこれからのブラッシュアップにぜひ役立ててください。ずっと健康で美しく年を重ねられるために……。

Chapter 5

to be continued...

美脚を保つために守ってほしい
5つのルール

1. 毎朝必ず姿勢のチェックをする
2. 正しい歩き方をマスターする
3. 姿見を見て全身のチェックをする
4. ストレッチ&マッサージを毎日の習慣にする
5. 体重より見た目重視にする

せっかく手に入れた美脚、まだまだ磨きをかけ続けるために守ってほしいルールは５つ。この５つを毎日するだけで確実にやせ力が継続します。騙されたと思ってやってみてください。

まずは歪みを意識するための姿勢チェックです。毎朝のルーティンにすると自然と体が歪みにくくなるから不思議です。そして２つ目は足の機能性をアップさせ、足裏の筋肉や脚全体の筋肉を育てる正しい歩き方を身につけること。そうすることによって、脚のラインが美しくなり、一生歩ける足になります。３つ目は日本人がもっともしないこと……全身を鏡に映しボディラインのチェックをすることです。私はお風呂に入る前に必ず行い、お風呂の中で気になったパーツのマッサージを行います。４つ目はストレッチやマッサージを毎日行うこと。ストレッチは歪みを矯正するためにも、クセをリセットするためにも毎日行うことをおすすめします。マッサージは、血流がよくなっているお風呂の中で体を洗いながら行うとより効果的です。そして最後の５つ目は、体重よりも見た目を重視することです。体重にこだわらないほうが変化に気づきやすく、美しいボディラインになります。

脚がやせると一番気になるパーツ。実は「二の腕」です

二の腕って気がつかないうちに太くなっていませんか？

二の腕が太くなるのには、肩関節と肩甲骨の可動域が関係していると私は思うのです。実は腕を動かす際、肩の高さまで腕を上げるときは肩関節を使って動かし、肩から上、耳の横まで腕を上げるときは肩甲骨を使って動かしています。そのため姿勢が前かがみや猫背になると途端に肩関節も肩甲骨もブロックされ、動きにくくなってしまうのです。そうなると二の腕は太く、重くなり、アームホールが太く厚くなるのです。それを解消するためには、関節の可動域を広げること。そしてペットボトルを使うことにより、かたく動かなくなった筋肉をリリースし、筋肉のねじれやクセなどをリセットさせます。腕を動かすときに意識したいのは、腕のつけ根である脇から大きく動かすことです。初めはペットボトルの水の量を少なめにしてもＯＫ！ 可動域を広げながら筋肉を育てるように丁寧に行いましょう。

ペットボトルde簡単二の腕シェイプ

1 → 6 を左右各3回×3セット

1

ペットボトルを持ち、体の横から肩の高さまでゆっくり持ち上げ、腕が床と並行になっていることを確認します。

2

腕が肩より前に出ないようにしながら、腕を耳の横まで上げます。

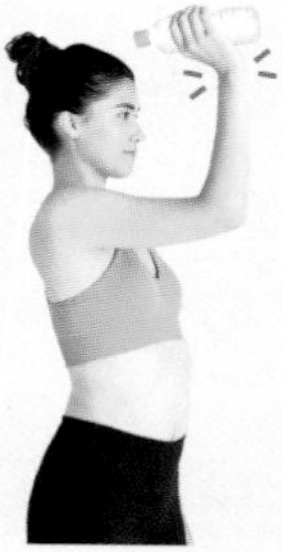

3

手首を曲げ、ペットボトルを手のひらにのせるようにして、ひじを肩の高さまで下ろします。

4

手のひらにペットボトルの重さを感じたまま腕を真上に上げ、手首を前後に5回ずつ動かします。

5

ひじを曲げ、ウエストの位置にペットボトルがくるように腕を下ろします。

6

5の体勢のままひじを伸ばし、腕を後ろに動かして肩甲骨を中心に寄せ、胸を開きます。

正しい 姿勢 と 歩き方 が
やせやすい体を作る！

目線はやや上
上半身は胸を張り、胃を持ち上げるように
背筋を伸ばす
脚のつけ根から一歩足を踏み出すようにお尻の下の筋肉を意識する
ひざが曲がらないように

正しい歩き方

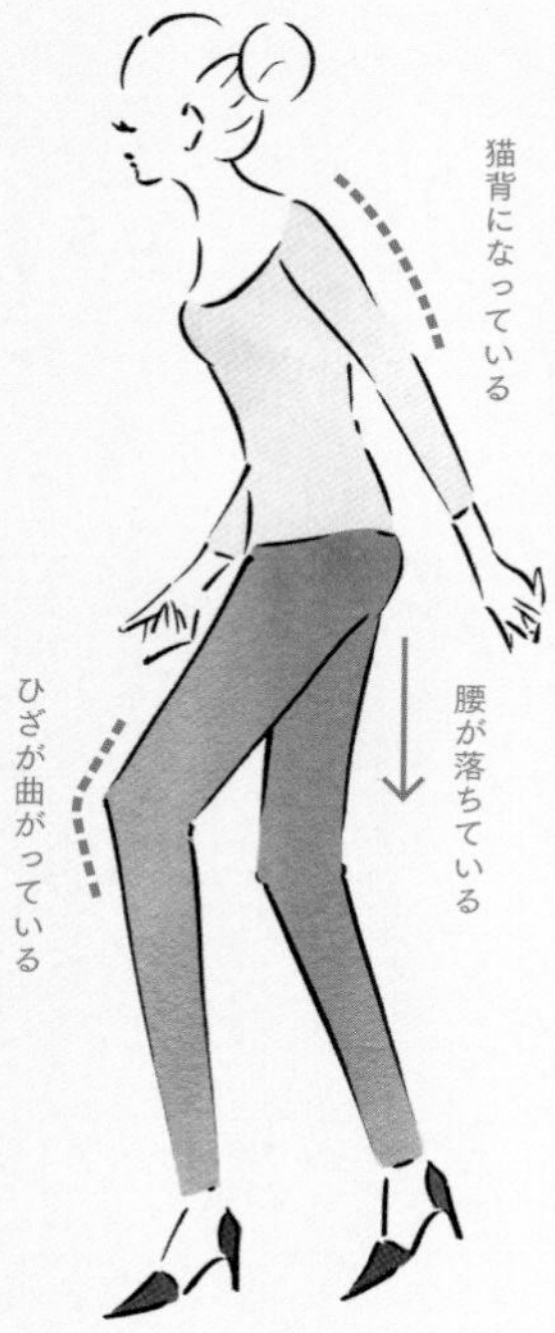
猫背になっている
ひざが曲がっている
腰が落ちている

間違った歩き方

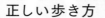

〈 正しい重心移動 〉

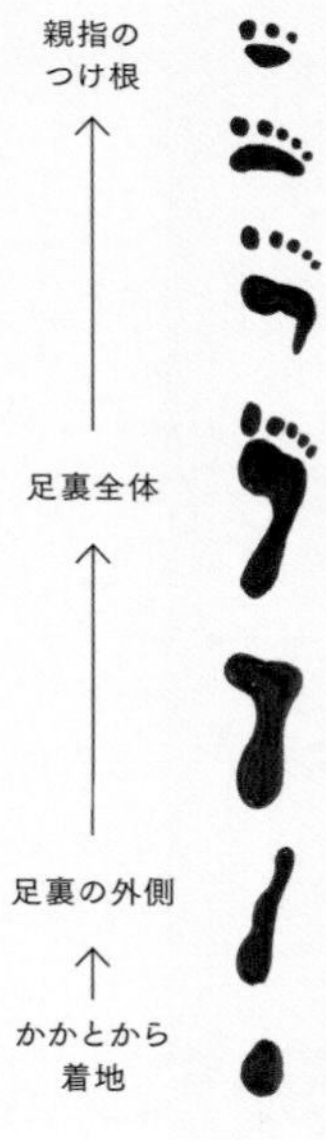

やせやすい体を作るための近道は、姿勢を整えることと正しい歩き方を身につけること。正しい姿勢と歩き方を意識するだけでさまざまなよい変化があるんです。正しい姿勢については本書で既に出てきていますが、もう一度！

壁にかかとをつけて、ふくらはぎ、お尻、肩甲骨、後頭部がぴったりつくように立ちます。腰と壁の間はこぶしがひとつ入るくらいの隙間が理想的です。そのとき、骨盤の上に肋骨がくるように立つことでお腹や腰、そして骨盤底筋を刺激できます。この姿勢のまま、脚のつけ根から足を一歩踏み出し歩きます。そのとき、重心をかかとから着地→足裏の外側→足裏全体→親指のつけ根の順で地面を蹴るように意識しましょう。この歩き方をマスターできると脚がまっすぐになり、脚全体に筋肉が程よくつき、ラインが整い美脚になります。最初は「かかと・外側・親指」と口に出して歩いてみてください（笑）。

美脚に見せる洋服選びをしませんか？

私がダイエットに成功し、脚のパーツモデルとして活動していた頃、特に脚を傷つけないように厳しく指導されました。でもダイエットに成功し、脚が出せるようになった私はミニスカートばかりをはいていました。けれどそのおかげで、脚がみるみるきれいになっていったのです。それはミニスカートをはくことで、人の目を気にするようになったこと、そして脚へ意識が向けられるようになったからです。脚をきれいに見せる立ち方や座り方、歩き方など、常に脚を意識するようになり、洋服選びもずいぶん変わりました。

美脚に見せるための裏ワザ。それは、スカートやパンツは後ろ中心を少し上げてはくこと。ヒップは2～3㎝上がり、美脚＆脚長効果が得られます。

そしてサイドの縫い目がまっすぐになるように脚を入れることで、横から全身を見たときにすらっと長身に見えるのです。

さらに私がこだわるのはデニムの選び方。ポイントは、ヒップのシルエットです。ヒップの見え方が、美しくはきこなせる第一条件なのです。ヒップがつぶれているのは論外。ヒップの一番高い位置よりも下にポケットがあると脚が短く太く見えるため、ポケットの位置は必ずチェックしてください。

そして横から見たときにウエストからヒップにかけてのラインがカーヴィであることも大事なポイント。ヒップが上がって見えるので脚長効果大。

そして一番大切なのは、洋服を買うときは必ず試着をするということ。全身を３６０度くまなくチェックし、実際に歩いてみてください。歩いてみると洋服が自分の体に馴染んでいるかどうかが分かると思います。まっすぐ立ったときにボディラインに沿わず、シワになる箇所が多いものはＮＧです。

また、ダイエットしたあとは、美脚をキープするためにジャストサイズの洋服を買うことをおすすめします。少しでも余裕があるものを購入すると、その分絶対に太ってしまうので注意が必要です。

ボディクリームの正しい塗り方

ボディクリームはただ塗るだけじゃダメなんです！　よくやりがちなのは、手のひらにとって両手に広げ、手や腕、脚にさーっと塗る方法。でも、実は効果的に塗る順番や塗り方のポイントがあるのです。大切なのは心臓に向かって塗ること。そして塗る順番は心臓から一番遠く離れた右つま先から。塗り方は、クルクルと円を描くようにすり込んで。特にかかとやひざ、ひじなど角質が溜まりやすい部分は少し多めに塗り、全身塗ったあとに2度塗りすることをおすすめします。足の指の間や脇の下、脚のつけ根の内側、太ももとお尻の境目など、普段見落としがちなパーツは、指の腹で圧を与えながら丁寧に塗りましょう。血液やリンパの流れに沿って下から上へ塗ることで巡りがよくなり、やわらかく透明感のある肌に育てることができるのです。クリームがなかなか浸透せず、ベタベタと肌に残る感じがするときは体が冷えている証拠。クリームを手のひらでよ～く温めてから塗りましょう。

むくみ撃退！
美脚を作る
クリームの塗り方

1

まず右つま先から。手でクリームを温めて、足の指、指の間、足の甲、かかと、足首にたっぷり塗ります。

2

足の裏に指の腹で圧を与えながらまんべんなく塗ります。

3

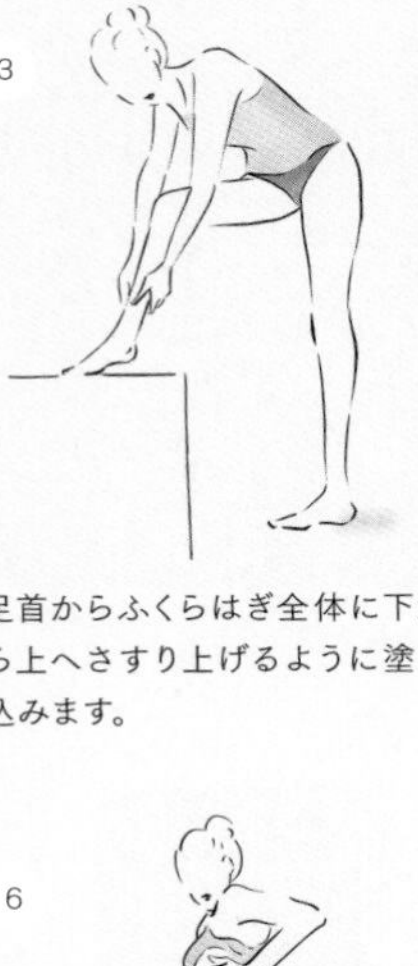

足首からふくらはぎ全体に下から上へさすり上げるように塗り込みます。

4

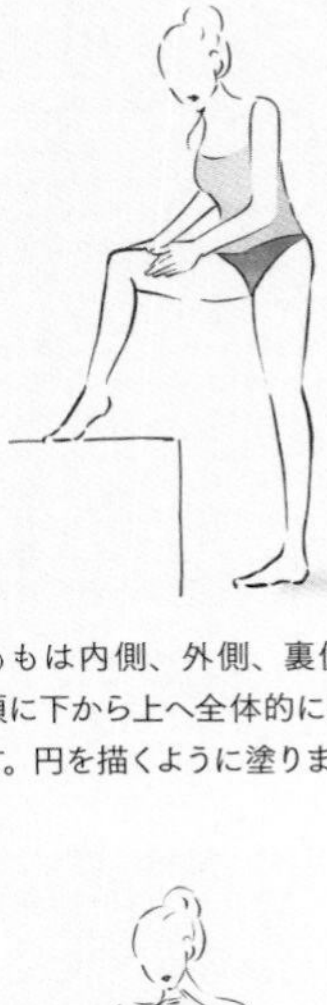

太ももは内側、外側、裏側、前側の順に下から上へ全体的に塗り込みます。円を描くように塗りましょう。

5

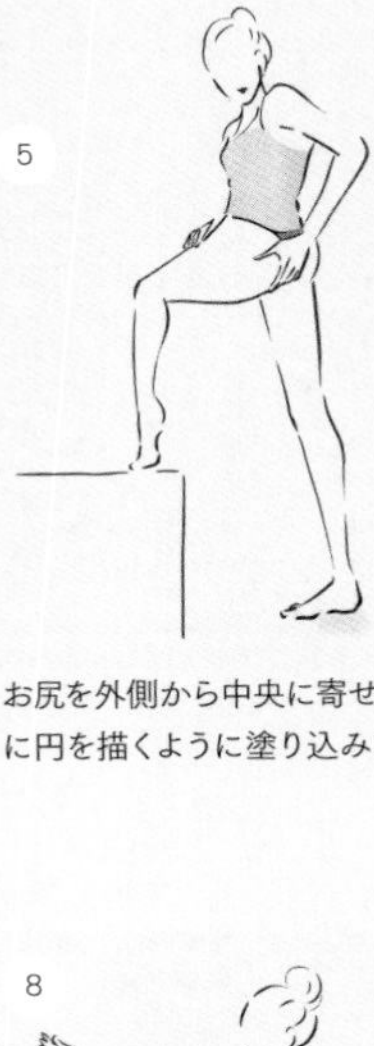

お尻を外側から中央に寄せるように円を描くように塗り込みます。

6

お尻、腹、背中を下から上に向かって脂肪を集めるように手のひらと指をしっかり使って塗ります。

7

鎖骨下を肩から胸の中心に向かって塗ります。揃えた指の腹を密着させ、少し圧を与えながら塗るのがポイント。

8

腕を肩の高さまで上げ、指先から脇に向けて塗り込みます。反対側も同様に。

自分を変えられるのは「自分」だけ

美脚になりたい！　やせたい！　スタイルがよくなりたい！　と思っても、努力をしなければなりたい自分にはなれません。

私がサロンワークをしていて感じることは、皆さん「他力本願」過ぎるということ。体の歪みやクセを整えるのはボディメンテナンスセラピストである私の仕事ですが、メンテナンスのあと、自分で自分の体を管理してストレッチやマッサージをしてそれをキープするのはあなた自身なのです。そして毎日ずーっと続けていけるように習慣化しなければ意味がありません。

ちなみに「夏までに〇kg！」「結婚式までにやせる！」などの目標があるダイエットは、必ず期限を決めて行うのがモチベーションをキープするために秘訣です。この際、毎日の体の変化をチェックできるように写真を撮っておくのもおすすめです。そして絶対してはいけないのが「期限延長」。自分に言い訳をして、甘やかすのはやめましょう。

ストレッチやマッサージを習慣化するために大切なことは、自分で自分と約束をする・自分ルールを決めることです。最初はひとつふたつでＯＫ。むしろそのくらいでないと続けられません。徐々に習慣化できるようになったら約束事を増やしていきましょう。「今日はいいか！」「あ〜また食べちゃった」「疲れたから明日やればいいよね！」と自分を甘やかしてばかりだとせっかくやってきた成果も振り出しに戻ってしまいます。それでは、何をやっても、どんなにお金をかけても効果は出ません。

そう！　まずは自分の体に目を向け、向き合い、自分が一番自分の体を知ることがとても大切なのです。自分を変えられるのは自分の「意識」だけなんです。意識をするということがいかに大切かは、日々のストレッチやマッサージをきちんとして効果を出せた人だけが感じられるもの。逆に意識することができるようになれば自分の内面も外見もどんどん変化していきます。

おわりに

皆さん、最後まで読んでくださりありがとうございました。

そしてお疲れさまでした！

この本は私の13冊目の著書になります。

今回はとにかく簡単に！　そして絶対に効果が出る9つのストレッチ&マッサージの組み合わせを考案しました。きちんと正しく動けていれば1日目から体が温かくなったり、トイレに行く回数が増えたりします。万が一変化がないという場合は、やり方が間違っているか、動かす部分への意識が足りないのだと思います。どなたでも必ず変化が出る組み合わせですので、どんな変化が起こるかを楽しみに毎日行っていただければ嬉しいです。

私自身がマイナス15kg、そして最終的には20kg以上のダイエットに成功し、脚のパーツモデルにスカウトされてから約26年、ボディメンテナンスセラピストになり12年。美脚トレーナーとして体のメカニズムはもちろん、現代人の体のクセなどを日々見ていて、今こそやってほしい、そして効果大のストレッチ＋マッサージメソッドを紹介いたしました。

ボディメンテナンスセラピストとして現代人の体をずっと見ていた私だからこそ考案できたメソッドですので、健康で美しく年を重ねるためにぜひ続けてください。必ずなりたい自分になれる日が来ます。

そして最後になりましたがいつも私の活動を理解し、応援してくださる皆さま、そして私を信頼し、体を預けてくださるお客様、本の制作に携わってくださったスタッフの皆さん、私の大事な家族、最愛の父に感謝いたします。

2020年7月　久　優子

講談社の実用BOOK
下《か》半身《はんしん》からみるみるやせる
おうちダイエットBOOK《ブック》

2020年7月21日　第1刷発行

著者：久《ひさし》 優《ゆう》子《こ》

発行者：渡瀬昌彦
発行所：株式会社講談社
〒112-8001 東京都文京区音羽2-12-21
TEL：編集　03-5395-3400
販売　03-5395-4415
業務　03-5395-3615
印刷所：凸版印刷株式会社
製本所：大口製本印刷株式会社

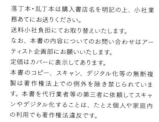

ISBN 978-4-06-520673-7

久 優子（ひさし・ゆうこ）

1974年生まれ。脚のパーツモデルを経て、ホリスティック医学の第一人者である帯津良一医師に師事。予防医学健康美協会・日本リンパセラピスト協会・日本痩身医学協会で認定を受け、講師として活動。その後もさまざまな分野で独自の研究を重ね、現在のボディメンテナンスメソッドを確立。マイナス15kgのダイエットに成功した経験を生かし、「足首」のケアをもとに「足首の関節を柔らかくすることから身体を整える」美メソッドを考案。サロンは開業当初から完全紹介制。美脚作りはもちろん、身体のバランスを整える駆け込みサロンとして有名人のファンも多い。著書に『1日3分! 足首まわしで下半身がみるみるヤセる』（PHP研究所）、『脚からみるみるやせる2週間レシピ』『押したら、ヤセた。』（共に宝島社）等がある。

ホームページ　http://yhbody.com

STAFF

撮影：吉岡真理
スタイリスト：岡田早苗
ヘアメイク：イワタユイナ
モデル：水野夏実、
久 優子
[cover, p9, p.21,p.31,p.55,p.97]
イラスト：natsu yamaguchi
デザイン：月足智子